王国强 著

教育的应然样态

我的教育理解

[续]

江苏人民出版社

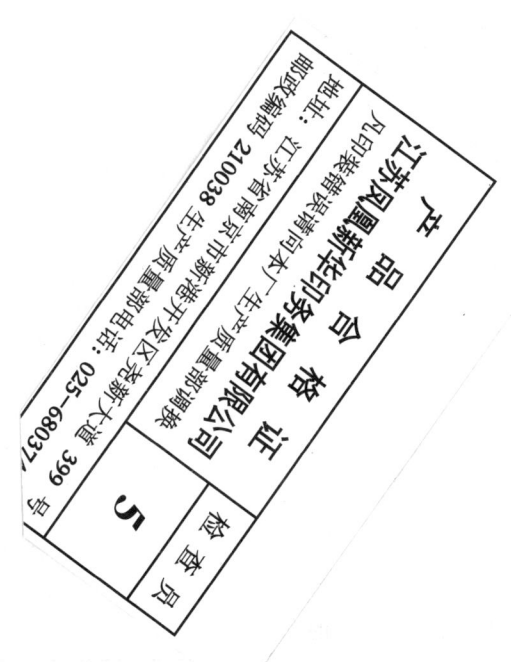

图书在版编目(CIP)数据

教育的应然样态:我的教育理解:续/王国强著.
—南京:江苏人民出版社,2020.8
ISBN 978-7-214-25397-2

Ⅰ.①教… Ⅱ.①王… Ⅲ.①教育—文集 Ⅳ.
①G4-53

中国版本图书馆 CIP 数据核字(2020)第 154208 号

书　　　名	教育的应然样态——我的教育理解(续)
著　　　者	王国强
责 任 编 辑	李兴梅
装 帧 设 计	刘荨荨
责 任 监 制	王列丹
出 版 发 行	江苏人民出版社
出版社地址	南京市湖南路1号A楼,邮编:210009
出版社网址	http://www.jspph.com
照　　　排	江苏凤凰制版有限公司
印　　　刷	江苏凤凰新华印务集团有限公司
开　　　本	718毫米×1000毫米 1/16
印　　　张	20.75 插页2
字　　　数	200千字
版　　　次	2020年9月第1版 2020年9月第1次印刷
标 准 书 号	ISBN 978-7-214-25397-2
定　　　价	50.00元(精装)

(江苏人民出版社图书凡印装错误可向承印厂调换)

目 录

第一编 学生全面发展需要的教育变革 / 001

适合学生个体的教育：时代的呼唤 / 003

不忘本来 吸收外来 面向未来 / 007

走向开放而灵活的教育 / 010

"'苍梧派'教育思想体系"启思 / 013

《中国劳动教育百年图影》：掠影与建言 / 016

STEM 教育：认识和实践 / 019

STEM 教师来源的现实途径：培训 / 023

普通高中育人方式改革的应有作为 / 026

中小学生品格提升的基本遵循 / 030

学生发展指导：现实而战略之任务 / 034

第二编 公平而有质量的基础教育发展 / 037

考量区域基础教育的基本维度 / 039

发展公平而有质量教育的基本路径 / 042

基础教育高质量发展的江苏经验 / 047

基础教育内涵建设的江苏特点 / 050

在危机中育新机 / 055

基础教育困局的破解之策 / 058

公平与卓越基础教育的构建 / 066

乡村教育·乡村教师 / 069

薄弱初中建设的意义 / 072

民办学校的科学发展 / 075

高质量基础教育与教学研究 / 081

义务教育质量监测三则 / 085

第三编　筑优素养跑道的课程建设 / 089

课程改革的价值目标 / 091

筑优素养的跑道 / 095

适合的教育与课程的变革 / 097

学校课程建设的依循 / 100

普通高中新课标落实的要点 / 103

普通高中课程基地建设 ABC / 107

课程基地的教学文化 / 114

幼儿园课程建设要件 / 118

课程游戏化建设要领 / 121

第四编　教师发展的目标和任务 / 125

像教育家般言行 / 127

教育家型教师的成长之道 / 130

名师的担当和坚守 / 135

名师与核心素养落地 / 138

名师工作室应有的品质与功效 / 141

班主任应有"大爱"的能力 / 144

教师专业发展的多重途径 / 148

好教师·好校长·好学校 / 151

第五编　学校文化的效用和建设 / 155

学校特色文化建设的意义和任务 / 157

文化创新：学校发展的源动力 / 160

学校文化的传承与创新 / 163

学校文化建设路径的逻辑选择 / 166

指向核心素养的学校文化建设原则 / 170

文化创新与课程建设 / 173

校园与校园文学 / 176

课本里的中华传统文化 / 179

学校特色·武术课程·文化传承 / 182

文化规制下的课堂教学 / 186

教科研于学校文化变革的作用 / 189

第六编　学科育人的意义和路径 / 193

新课标新教材实施的基础工作 / 195

核心素养与学科教育变革 / 198

学科教学研究基地的目标任务 / 201

学科育人:榜样与行动 / 204

把握教材:立足点、重点和难点 / 207

驾驭教材的境界 / 210

二次备课的效能 / 213

课堂品质提升与教师素质涵养 / 216

课堂教学生态建设的意义 / 219

第七编 "学生中心"的教学和评价 / 225

教学设计需匠心 / 227

阅读的自由与自觉 / 230

主题阅读教学的基本问题 / 233

全息阅读的价值 / 237

"中学生与社会"作文比赛的主旨 / 240

民族团结教育三问 / 242

珠心算实验的新任务 / 247

英语主题阅读的实践逻辑 / 250

深度思维·体育学习与教学 / 253

教学评价的人本性和科学性 / 257

命题的立意 / 260

英语听力口语考试的特殊性 / 264

艺术素质:测评与提高 / 266

第八编　教育科研的职能和使命 / 271

教育科研的职能和使命 / 273

教育科研应"不着铅华" / 276

教科研机构的应有作为 / 278

群众性教科研服务指导的创新 / 283

区域教科研：责任、原则和方法 / 291

学校教科研工作的布局 / 295

中小学教育科研：回归本真 / 299

幼特教科研的基本要求 / 306

学前教育科研的出发点 / 309

教科研基地建设的新要求 / 314

教科研基地园的应有姿态 / 318

教科研品牌活动·活动主题 / 321

后记 / 323

第一编
学生全面发展需要的教育变革

适合学生个体的教育：时代的呼唤

适合学生个体的教育，是一个从古谈到今的话题，是老生常谈的话题，而要有效实施，必须综合施策。"适合学生个体的教育"无疑是因材施教、适合的才是最好的、个别化个性化教育等等说法的翻版，不一而足。但是，属于"老生常谈"话题所涉及的事，往往是真正重要的、而常常是最难做好的，因此，常常也是做得不好的。

2017年，江苏省教育厅主要领导根据《国家中长期教育改革和发展规划纲要（2010—2020年）》（以下简称《纲要》）中提出的"关心每个学生，促进每个学生主动地、生动活泼地发展，尊重教育规律和学生身心发展规律，为每个学生提供适合的教育"的要求、基于对江苏教育发展阶段性特点的认识和把握，提出了江苏教育现代化建设新的阶段性目标和任务，即发展"适合的教育"，并就发展"适合的教育"做了比较系统的思考和阐释，但是，江苏教育系统的各个子系统没有跟进、更莫谈顶层设计了。于是，"适合的教育"成为偶尔出现的口号，能不能成为老生常谈，还不好说。这样一个在宏观、中观、微观层面上都有涉及、形式和内容都有时代特点的重大课题，如果做得好的话，那么，我们讨论"适合学生个体的教育"这个属于微观层面上话题的成效就会更大。而在目前的大背景下,我们对于讨论的效果既应寄予厚望,又要充分认识到,这个微观层面课题的研究和实践是受制于宏观和中观层面的作为的。因为,《纲要》指出:"要以体制机制改革为重点,鼓励地方和学校大胆探索和试验,加快重要领域和关键环节改革步伐。创新人才培养体制、办学体制、教育管理体制,改革质量评价和考试招生制度,改革教学内容、方法、手段,建设现代学校制度。"这表明,实施"适合学生个体的教育"要有系统的制度保障。

适合学生个体的教育,尽管是老生常谈,但不同时代条件下,思考、研究和实践的内容在丰富、层面在提高。这是我们今天研讨这个话题的现实意义。在人类生产、生活过程中产生的教育,在我们的祖先那里更多地表现为面向个体的教育,是我们今天追求的教育理想。伴随社会发展、特别是工业化出现的班级授课制,标志着教育发展了、教育形式和内容现代化了、教育的时空效益提高了,但几乎同时忽视了组成人类群体的一个个个体的差异及其个性化教育需求。这是对于教育"祖制"的反动。

而这种情况,尽管早在马克思主义者那里就已经予以批判,并指出:"每个人的自由发展是一切人的自由发展的条件。"但是,就是我们这样坚持以马克思主义理论为指导的国家,我们的教育仍然没有走出对这一"祖制"反动的局面。关于这一局面形成的原因很多,想短时间内摆脱的困难也很多。因此,我们常常安之若素,习惯了"雷声大雨点小"的氛围。不过,近些年,伴随我们生活的信息时代出现的人工智能技术,日益让我们既欣喜若狂又不寒而栗,难以泰然自若了。关于人工智能对于人类社会发展、对于教育影响的信息是海量的。比如,在人工智能将可以替代愈来愈多的教育行为的情况下,大家比较认同的是在人工智能时代教育具有不可替代的功能:在于正确情感态度价值观的培育、创新创造能力的塑造。这既确定了人工智能时代教育的地位、又明确了教育可以继续发挥作用的领域。而在这两个领域的作用发挥显然需要教育的返璞归真,回归到针对每个学生施以适合的教育。否则,教育就有被时代、被技术淘汰的危险;如果教育不遵循"祖制",人类将无力阻止"科技颠覆"的出现。

适合学生个体的教育,是时代发展的客观要求,也是教育主动适应时代的必由之路,更是每个学生适应时代要求对教育的强烈呼唤。而面对时代和学生的呼唤,教育如何回应?是主动作为、主动适应,还是充耳不闻、我行我素?答案是不言而喻的。当然,在客观上,由于与教育、与学生相关各方的价值取向存在层次上、内涵上的差异,特别是在教育(专指国民教育)被社会、家庭寄托了过多期待的情况下,给予每个学生适合的教育,存在诸多困难和矛盾。但是,我们在诸多前提条件不具备的情况下,难道就束手无策吗?显然不是。尤其是作为非义务教育学校的普通高中,在现行教育体制下,给予每个学生适合的教育,还是大有可为的。

一是分层施教,提优补差。分层以赋予每个学生信心、营造人人争先的氛围,激发每个学生的潜能;在赋予知识技能过程中引导每个学生形成正确的情感态度价值观。对于优秀学生应有个别辅导、吃小灶,为国家培育、输送精英苗子;针对大多数学生,施以适合每个学生个体的补差补缺,提高整体学业水平,不断提升学校的教育教学质量。

二是规划生涯,自主发展。应正确分析每个学生的家庭、学业、身心状况,尽快解决好学生的"巨婴"问题,帮助每个学生正确全面地认识自己、认识社会,唤醒每个学生的自主意识、主动发展意识,培育和提高每个学生的自主发展能力,增强每个学生的自信心、责任感、使命感。

三是兴趣第一,志愿为上。兴趣是最好的老师,是一个人终身幸福的支点。应发现、培育每个学生的兴趣,并努力使之成为他们各自的优势或特长,成为每个学生高考选科、实现自己志愿的依据和信心所在。这是让每个学生为国家作出最大贡献并同时获取终身幸福的需要。

总之,从整个基础教育各学段看,普通高中学校在赋予"适合学生个体的教育"这些方面的必要作为尽管是在"亡羊补牢",但"犹未为晚"。

(2019年4月16日)

不忘本来　吸收外来　面向未来

人类已经进入"天涯若比邻"的时代,任何国家和民族都无法在这样一个时代里"脱轨"并独自前行。这既是人类的宿命、也是幸运。众所周知,人类社会摆脱环境崩塌、核危机和技术颠覆的"围追堵截"、实现持续发展,需要以其每一个子系统的可持续发展为基础。教育的可持续发展既是人类社会持续发展的基础和动力,也是教育的自身要求。

党的第十九大报告指出:推动中华优秀传统文化创造性转化、创新性发展,继承革命文化,发展社会主义先进文化,不忘本来、吸收外来、面向未来,更好构筑中国精神、中国价值、中国力量,为人民提供精神指引。作为文化重要组成部分和生命机制的教育,无论从传承好"三大文化"、还是从建设自身文化以实现可持续发展角度考量,毫无疑义应不忘本来、吸收外来、面向未来。

今天的教育应从历史中汲取养分。原初的教育,本无所谓课程与教材、课堂与教学、管理与评价等,教育在长者、贤者、智者的脑袋里、言行中、巧手上。而恰恰由此,中华教育文化得以形成。教学相长、不愤不启、不悱不发……不胜枚举,只是作为后人的我们已经近乎数典忘祖了。我们常常守着早为经典、奉为皋臬、洋洋大观的教育古训而妄自菲薄,常常将教育古训用作标签或为小和尚口中之经。究其原因,在于"考试教育"的现实压力,更在于我们在教育古训体系化、现代化上的功夫下得远远不够。因此,不忘本来的中国教育,应认真地重新审视、整理、系统化、现代化几千年来积累的教育古训,并用以指导实践、努力守正出新。

今天的教育应借文化互鉴而创新。毫无疑问,20世纪初"革"旧有文化之"命"、拥抱外来文化的历程,为现代中国的教育大厦奠了基,并成为新民主主义教育和社会主义教育的先声。然而,自此以后,在中国教育发展的每个阶段,特别是在本世纪初的第八次课改以来,"言必称希腊"的状况甚嚣尘上,舶来的教育名词、概念层出不穷、"天花乱坠",使得面广量大的基层学校、普通老师眼花缭乱、无所适从。诚然,我们应充分利用他国的教育理论和实践对于中国教育不可或缺的补益作用,但应首先研究它产生的土壤(文化),以免"南橘北枳";应将"拿来"的东西进行本土化改造,为解决当下我国教育面临问题提供新的对症的"良方"。

今天的教育应以未来为"锚地"。未来已来,这是近些年人工智能发展使得教育面临新挑战的情况下,有识之士们的判断和提醒。这一提醒显然是必要的,但同时也给教育系统带来了躁动和不安。其实,教育与人类的其他事业一样,每天都在变化。变化常常同时孕育机遇和挑战。机遇与挑战都是教育发展所必须的。因此,变化并不可怕,关键是如何应对变化。而教育无论怎样应对变化,都必须以成长教师、成就学生为旨归。教育面向未来、应对变化的着力点在今天。今天是昨天奔向的锚地。而在今天，应以系统化、现代化了的教育古训、可以"拿来"的教育思想"点亮"师生生命成长的前程，以便他们在走向未来的路途中"闲庭信步"。

文化是国家的灵魂、民族的血脉。文化的割断、排外、守成意味着民族的沉沦、孤立、短视。因此，作为文化生命机制的教育的可持续发展，务须基于历史、借鉴外来、拥抱未来。

(2019年4月28日)

走向开放而灵活的教育

改革开放四十年来,江苏教育与全国一样取得了长足的发展、辉煌的成就,为江苏现代化建设作出了应有的贡献。进入新时代,江苏教育面临新的挑战、机遇和使命。就江苏基础教育而言,尽管整体发展水平略高于全国平均水平,但面临着与其他省市区同样的困难、矛盾和问题,而重点和难点是在于基础教育阶段各级各类学校能否为每个学生提供适合的教育。这样一个基础教育发展新阶段的新目标、新任务、新使命,催迫着我们在总结基础教育改革发展已有实践的基础上,研究并积极推进实践基础教育新的发展模式、方式方法和手段。

问题是时代的声音。作为生逢这一伟大时代的江苏教育人,有责任和义务为续写辉煌而埋头苦干、开拓创新,回应时代的声音、答好时代的问卷。也因此,研讨、实践"走向开放而灵活的教育"十分重要而又必要。

四十年改革开放的实践证明,封闭自我、夜郎自大没有出路,开放才能打开眼界、迎来新风、激发活力、创新创造、加速发展。也正因为改革开放,才有了江苏基础教育的发展和辉煌。

然而,当下基础教育领域的现实状况还同时展示了另外一幅图景:"全世界先进的教育都已经换了赛场,我们还在旧的跑道上拼命。我们强调成绩,别人在强调能力;我们强调竞争,别人在培养合作;我们强调学科学习,别人强调人的价值;我们不肯改变,别人拥抱改变。"如此状况若得不到真正的改变,必定是"大河上下顿失滔滔"——整个基础教育领域将故步自封、生机不再。

学校是教育的细胞。走向开放而灵活的教育,无疑要求学校开放而灵活。新时代呼唤开放而灵活的学校。新时代需要全面而个性地发展的人。开放而灵活的学校方能培育全面而个性地发展的人。开放而灵活的学校,不唯校舍新、设施设备档次高、甚至理念新,而是能够回归教育本真、以开放而灵活的教育方法方式和手段,为每一个学生的终身发展奠基、赋能。

人类首先是自然之物,而后才是社会一员。学生的身心成长需要自然的情境。因此,学校首先应该成为学生生命成长的"原野",同时辅之以与其认知水平和身心承载力相宜、能够促进其社会化的要求,赋予其生存、生活的基本知识和正确观念,进而赋予其适应、促进、引领社会发展、获得终身幸福的能力。

教育作为社会大系统的一个子系统,开放是其本质要求。教育因开放而灵活,学校因开放而充满生机与活力。走向开放而灵活,是教育的应然样态,是学校发展的必然。

开放而灵活的教育发展状态的形成,有赖于学校教育回归本真、丰富内涵、提升品质,成为真正意义上的新时代开放而灵活的学校。

(2018年12月7日)

"'苍梧派'教育思想体系"启思

几年前,江苏省连云港市教育行政部门发布的"学术领军人才培育对象"培育方案,提出了构建"苍梧派"教育思想体系的目标。这是有勇气、有远见的,也是具有基础和条件的。而这也是培育中小学学术领军人才的潜在目的、必然归宿。

至今,江苏省内明确提出发展区域教育风格特色的是苏州市。多年来,苏州市投入了大量的人财物力,致力于发展"苏式教育",打造"苏式学校""苏式课堂",效果很明显的。应该说,现在苏州的不少学校彰显并发扬光大了古吴地区域教育文化特有的风采。

2012年,基于江苏省"十二五"教育科学规划课题的研究,有专家提出了"苏派"教育的概念,凝练了一些旨在反映江苏教育特色和风格的特征性词汇,推出了代表性人物及其他们的教育思想。比如,有这样的描述:"江苏系人文荟萃之地,吴韵汉风熏染下,造就出清简、灵动、精致、厚实的教育群体,自然积淀成苏派教育风格。一代一代,生生息息,奔流不停,传递延续。"但是,针对这些江苏教育特色和风格的特征性描述,周边省市的专家学者均认为他们所在的地域性教育风格特征也大致如此。

对于这个问题,我是这样认识的,一定区域内教育的共性特征是由这个区域的文化孕育而成的。区域文化及蕴含其中的区域教育文化是区域教育风格特点形成的土壤。省级区域主要是行政区域,而不是特定的文化区域。在省级行政区域内往往由若干个特征鲜明的文化区域组成。而这些区域还与周边(包括省市)行政区域内的相邻区域有着长期的文化交流、融合,互相影响、相得益彰。于是,要比较准确地概括一个省独有的教育风格特征是有困难的。不过,具体到一个地级市,是不是就容易勾勒出它的教育文化的独特性呢?

以连云港为例,该地区属于古代楚汉文化的一部分,总体而言属于英雄文化一脉。连云港的教育无不反映由这一文化浸润后形成的特征。因此,基本可以概括出"苍梧派"教育的风格特征,以及反映在实践和理论两方面的代表人物及其体系化的教育思想。不过,需要考虑的是,连云港区域的古楚汉文化一直以来都与山东临沂地区、扬泰地区的文化相互影响,还受到日盛一日的海洋文化的影响。连云港区域始终处在与周边区域的文化交流、融汇之中。特别是海洋文化的影响,势必促使连云港区域的文化逐步具备开放、包容、创新的特征。在这样的区域文化发展进程中,区域教育文化也必然处在发展变化之中,教育的区域风格特征也将产生新的变化。这样的变化,既为一个区域教育改革发展带来活力,又同时丰富着区域教育的内涵和思想、促进区域教育品质的提升、增强区域教育文化的同化能力。

  思想是文化的内核和载体。如前所述,在区域文化发展过程中,反映这种文化本质特征的思想也不断地丰富着、发展着。在区域文化发展的过程中,一个区域的文化能否保持本区域文化的本质特征,关键看本区域文化的同化能力。一个区域教育文化的同化(类似于绿叶的光合作用)能力,取决于这个区域应有一支具有管理和教学风格、具有成体系教育思想的学术领军人才队伍;同时,他们的教育思想体系,应该是开放的,具有"海纳百川"的包容姿态、不断积淀出新的创造品质。我认为,这两方面也是构成"苍梧派"教育思想体系的基础条件和基本要求。

(2018年10月24日)

《中国劳动教育百年图影》：掠影与建言

《中共中央国务院关于全面加强新时代大中小学劳动教育的意见》开宗明义："劳动教育是中国特色社会主义教育制度的重要内容，直接决定社会主义建设者和接班人的劳动精神面貌、劳动价值取向和劳动技能水平。长期以来，各地区和学校坚持教育与生产劳动相结合，在实践育人方面取得了一定成效。同时也要看到，近年来一些青少年中出现了不珍惜劳动成果、不想劳动、不会劳动的现象，劳动的独特育人价值在一定程度上被忽视，劳动教育正被淡化、弱化。对此，全党全社会必须高度重视，采取有效措施切实加强劳动教育。"以此观照，《中国劳动教育百年图影》的编撰、出版，是社会重视我国大中小学劳动教育的一个缩影。

《中国劳动教育百年图影》，以图文声像媒体融合形式，反映清末以来我国劳动教育的名家名言、发展脉络、学校实践，既是出版界以融媒体方式呈现教育内容的重要实践，更是在梳理、记录、展现清末以来不同历史阶段我国劳动教育、特别是学校劳动教育实践基础上，把握其规律、呈现其形态，为今天和明天的学校劳动教育提供借鉴的需要。可以想见，该书的面世，我国劳动教育的百年图影将由此清晰地投射到当今的中华大地,成为全党全社会重视支持、大中小学开展劳动教育的镜鉴,促进我国大中小学劳动教育在新时代进入新境界,引导广大儿童青少年学生在思想上、言行上始终崇尚劳动、尊重劳动者,以劳动托起人生梦、家庭梦、中国梦。

作为目前仍为独一无二的多媒体综合反映近百年我国劳动教育的载体——《中国劳动教育百年图影》的编撰工作已经有了很好的基础,足见编写团队的功力。为了不失其应有的地位、发挥其应有作用,可以在这样几方面进行完善。

一是综述劳动的意义和价值。劳动创造了人,是劳动促使人类逐步能动地适应自然、与自然和谐相处,是劳动使得人类成为"宇宙的精华,万物的灵长",并由此,才有人类的绵延万年的发展,才有不同民族、国家的丰富多彩的文化积累,才有人类拥有的灿若星辰的文明成果。认识劳动和劳动教育不能停留在劳动光荣、强身健体、丰衣足食等一般意义上,而是要在更广泛的意义上认识它、重视它、实践它。正如习近平同志所言:"劳动是财富的源泉,也是幸福的源泉。人世间的美好梦想,只有通过诚实劳动才能实现;发展中的各种难题,只有通过诚实劳动才能破解;生命里的一切辉煌,只有通过诚实劳动才能铸就。"

二是揭示劳动教育发展规律。应该有一定篇幅从整体上介绍中国百年劳动教育及其发展规律总论,让读者有一个对中国百年劳动教育的统览和图像。一个不争的事实是:在不同的历史阶段,由于经济和社会发展水平的不同,人们对于劳动的认识、需要和重视程度是不同的。即使在同一个历史阶段,不同社会阶层人们对于劳动价值的认识、重视程度,既有共同处、更有不同处。在不同的历史阶段或同一历史阶段的不同社会阶层,人们对于劳动类型的价值认知以及由此决定的重视程度也是不同的,也由此在客观上形成了不同历史阶段的个性化的劳动观念、劳动教育实践形态,直至劳动和劳动教育的成效:文化发展、文明成果、社会财富、个人幸福。

  三是精准描绘劳动教育图景。应全面整理、简要呈现清末以来各个历史时期名家大师关于劳动和劳动教育的思想和著述。应梳理、展示不同历史阶段社会对于劳动和劳动教育的态度,特别是在学校的系统而又典型的实践。应以生动准确的文字介绍不同时期劳动教育的代表性类型、具体形式、实际场景、经典成果,并辅之以相应的图片、音频和视频的强化,增强读者对于劳动和劳动教育的历史纵深感,增进读者对于劳动和劳动教育重要性的深刻认识,引领读者努力成为劳动和劳动教育的支持者、实践者,借以促使党和国家关于大中小学劳动教育的要求真正落实到位、打造与新时代要求相匹配的劳动教育。

STEM 教育：认识和实践

STEM 教育是科学、技术、工程、数学多学科融合的教育,旨在打破学科领域边界,促使学生能够综合运用多种学科知识,提高探究和解决实际问题的能力。相对于单一的学科教育,STEM 教育具有跨学科的综合性特点,强调面向真实世界,注重培养学生实践能力、创新能力、批判性思维能力、合作能力等。这一目标指向持续增强国家发展动力的教育实践,得到世界各国的高度重视,美国、德国等更是把它提升到国家战略的高度加以实施。STEM 教育已经成为世界性潮流。

几十年来的研究和实践情况表明,STEM 教育与其他所有教育样式一样,它的产生是一种必然、发展是一种需要,具有深厚的哲学和社会基础。基于 STEM 理论的学习和思考、实践的了解和批判,应有这样几方面的把握和认识。

1. STEM 教育是人类发展进程中,对于身处其中的自然的认识由简单走向复杂、由低级阶段走向高级阶段的产物和标志之一,是人类认识自己、认识自然水平的又一次提升。

2. STEM 教育是帮助人们具有个性、具备创新和终身发展能力、增强社会责任感,适应经济全球化、全球一体化、人类命运共同体建立的新型教育样式。

3. STEM 教育是一种价值追求,是对于实现人类社会可持续发展目标呼唤创新人才的一种积极回应,是知识本位(线性思维)向能力本位(立体思维)的转型。

4. STEM 教育是一种理念,是旨在逐步摆脱单学科教育的惯性,实现多学科集成培养,具有综合素养人才的教育思想;是对当下分科教育过度、学科综合过难、课程统整更难现实的一种反动。

5. STEM 教育尽管已经成为世界潮流,但南橘北枳,STEM 教育的理论和实践都应着力于走向本土化,形成本土的理论体系和实践样式。

6. STEM 教育不是某个项目实施、一件或几件器械的熟练运用就能达成综合素养培育的目标,而是要课程化。因为,课程是素养的跑道。

7. STEM 教育与其他教育样式一样,是"学生中心"思想指导下,实现教师与学生共同成长的坦途,而教师的综合素养则为基础和前提条件。

8. STEM 教育的开放性决定了它的目标达成的课程化实施应是多途径、多形式、社会化的,比如,各学科教学应体现 STEM 理念,开设 STEM 选修课,与相关学科有机融合,组织社团和兴趣活动、社会实践等。

基于已有的把握和认识,江苏 STEM 教育应以学校、幼儿园的实践为基础,努力走上课程化、体系化、本土化的道路,实现 STEM 教育理念在江苏的落地生根。

加强STEM教育理论研究。借力专业团队，及时跟踪研究、全面系统准确介绍国外STEM教育理论。设立项目学校(幼儿园)、实验区，探索本土化的有效路径，建立有江苏特色的STEM教育理论体系、顶层设计和话语体系。

研制STEM教育课程纲要。研制中小学、幼儿园STEM教育课程指导纲要，开发具有江苏本土特色的STEM教育课程，构建可在全省推广使用的规范化标杆性STEM教育课程体系。

推进STEM教育课程实施。探索形成各学段STEM教育培养目标、实施重点，以及将STEM教育课程纳入地方课程，或与有关课程有机结合、相互补充、镶嵌、融合等实施途径，建立在目前基础教育课程设置格局下STEM教育有效模式。

规范STEM教育教学实践。开展STEM教育教学策略、教学案例、评测体系的研发，组织教学展示与比赛、成果推广等活动。研制STEM课程教学工坊一体化指南、STEM学校(幼儿园)认证标准等。

指导项目学校STEM教育。多途径、多形式搭建多层次交流、学习、合作平台，及时总结、推广STEM教育项目学校、幼儿园课程建设和实施的做法与经验，正确引导面上中小学、幼儿园开展STEM教育。

促进STEM教育师资建设。定期举办不同层面的STEM教育专题研讨活动，分层、分学段培训现有STEM教育专兼职教师，提高他们的综合素养。适时提出STEM教育师资由高校专司培养输送等方面的政策建议方案。

争取社会支持STEM教育。广泛宣传STEM教育在培养学生创新意识、实践能力和社会责任感方面的独特作用,赢得社会理解、企业支持,争取各地都有一批企业成为STEM项目学校的实践基地、支持开展STEM教育成果展示等活动。

大力宣传推广STEM教育。通过网络平台、报刊杂志等多种形式,宣传STEM教育理论研究和实践成果,推广项目学校的经验。定期举办工坊设计、器材使用、课程教学、作品展示等研讨活动,提高全社会对于STEM教育的认知和认同度。

(2017年10月25日)

STEM 教师来源的现实途径：培训

实践表明，STEM 教师队伍建设是有效推进 STEM 教育的根本之策。STEM 教育能否取得成效、成效的大小，最终取决于有没有一支专兼结合、数量足够、质量较高、结构优良的 STEM 教师队伍。这既是推进 STEM 教育必须具备的一个基本条件，显然也是一个难题。

与其他任何教育新要求的落实一样，STEM 教育在中小学、幼儿园的持续、有效开展，教师是决定性因素。没有真正意义上的 STEM 教师队伍，STEM 教育就将与许多同类型教育一样，难以摆脱一时间成为相关企业的逐利场（领域）、于学生及其成长百无一利的结局。而在中小学教师普遍缺编、相关学科教师更是短缺、又没有正常的 STEM 教师培养补充渠道的情况下，抓紧抓实抓好教师培训也就成为 STEM 教育持续有效实施的最为重要的工作。但是，培训谁？如何培训？培训的保障条件有哪些？

培训谁？STEM 教育是多学科综合融汇、培养学生综合素养的教育。而我国学生普遍缺乏综合素养，影响了民族创新能力。因此，总体而言，所有学科的老师都应该接受 STEM 培训。具体而言，STEM 教师显然可以由相近学科、相关学科的教师经过培训转任;也可以由相近学科、相关学科已经在兼职的教师经过专门培训担任;还可以聘请具有相应素养的学生家长、社会人士、工程技术人员等志愿者经过一定培训兼任。

如何培训? STEM 是运用跨学科知识解决生产和生活中具体问题的一种教育,项目化实施是其最明显的特征。因此,STEM 教师培训,不仅应有计划有步骤地组织,而且应以现场集中体验、实践培训为主要形式,比如,课堂教学观摩、赛课、动手制作物件、现场研讨与论坛等;也可以借助互联网和信息技术进行全时空、自助式网络培训;专兼职 STEM 教师应在教学中边教边学,向学生学习,教学相长;各学科老师应在本学科教学中积极实践 STEM 教育理念,逐步具备 STEM 素养。

培训需要一定的条件。第一,要有组织保障。教育行政部门、教科研机构和学校应建立领导和指导性组织,保证本地、本校推进 STEM 教育及其教师培训的方向明确、目标清晰、任务具体、督促有力。第二,要有制度保障。应建立具有地域特色、校本特点的 STEM 课程教学计划以及教师培训方案,探索形成本地本校 STEM 教育及其教师培训的有效路径。第三,要有经费保障。应通过多种途径筹措经费,争取财政设立专项,或从教师培训经费中划出一部分用于 STEM 教育。第四,要有社会支持。各地或学校可以与真正具有强烈社会责任感的企业合作,协同推进本地本校 STEM 教师培训,以及相应的课程教学资源的建设、课程教学实施等。

可以想见,只有伴随区域推进、学校开展STEM教育实践的深入、经验的积累,逐步解决以上这些问题,才能逐步达成STEM教师队伍建设目标,进而实现持续推进具有江苏特色的STEM教育、培养具有跨学科能力和综合素养的新生代江苏人的目标。

(2019年6月11日)

普通高中育人方式改革的应有作为

今年6月11日,国务院办公厅印发了《关于新时代推进普通高中育人方式改革的指导意见》(以下简称《指导意见》)。这个《指导意见》与去年11月16日《中共中央国务院关于学前教育深化改革规范发展的若干意见》、今年6月23日《中共中央国务院关于深化教育教学改革全面提高义务教育质量的意见》,构成了我国基础教育在新时代深化改革、落实立德树人根本任务、培养德智体美劳全面发展的社会主义建设者和接班人的基本格局。这样一个格局昭示了在今后相当长的一个时期里,我国基础教育各学段改革的方向、目标、任务和要求;就普通高中而言,今后一个时期改革的主旋律、主要目标就是"育人方式改革"。

那么,普通高中育人方式为什么要改革?改什么?怎么改?

长期以来,这些问题是教育管理者、教育研究者和普通高中学校一直关注,并试图解决好的问题。但基本判断是:解决得不好。因为解决得不好,又鉴于"普通高中教育是国民教育体系的重要组成部分,在人才培养中起着承上启下的关键作用",所以,党和国家十分重视,并专门制发《指导意见》加以要求。

普通高中育人方式改革既是以往相应改革的继续,也是面向未来解决好现存问题、真正发挥普通高中教育功能作用、实现普通高中教育目标的迫切需要,但难度显而易见,因此,必须有正确的态度、积极的行动,争取明显的成效。

一是与时俱进,把握重点,抓住关键。《指导意见》共8个部分23条,在第一部分第一条指导思想中就明确要"深化育人关键环节和重点领域改革"。而除了第一条指导思想、第二条改革目标外的21条,要么是关键环节,要么就是重点领域。这样的内容布局,实质上是在明确告诉我们,普通高中育人方式改革是一个系统工程,不仅仅是学校、教育部门的事,还是各级党委和政府、社会和家长的事;不仅仅要从教育系统内部着力,还要有教育相关各方的协同;不仅仅要有全社会的正确教育观、人才观的真正确立,还要有保障改革产生效果的长期力度不减的物质支撑、持久保持的正面引导的舆论环境。因为,无论是关键环节还是重点领域的改革,都是牵一发而动全身,不是一朝一夕的。这样理解,不是不分主次、没有轻重地理解普通高中育人方式改革,而是这一改革面临着日益复杂的情况,我们不得不重视改革所及的任何一个环节和领域。比如,家长对于教育的空前关注,对于分班、座位、选科、走班、任课老师等等本来只是学校行为的方方面面,现在几乎是无所不及地关注、甚至干预。因此,相应的改革,就不得不顾及学生背后成分复杂的家长的反应。

二是创造条件,系统设计,协调推进。普通高中育人方式改革面临日益复杂的情况,增加了改革的艰巨性和难度。尽管如此,普通高中育人方式的改革在以往也不是没有涉及,而是从未停止过。例如,一个时期,为了培养创新人才,不少省市都选择一些优质高中进行试点,并考虑到需要高校的支持、与高校招生衔接,打通上升渠道,于是同时选择若干所一流高校参与试点。结果大体是:高校由于招生政策的限制,无法承诺高中学校的特优生或特长生可以特招,所谓的试点工作只能纷纷作罢。因此,新时代条件下的普通高中育人方式改革,必须创造相应条件,保障改革的真正实施、卓有成效。一方面要有具体的系统的顶层设计。《指导意见》明确了为什么要改革、改革从哪些方面入手两个方面内容,但是,对于怎么改并取得成效,只有原则性要求,还缺乏分层次的系统具体的落实措施和问责机制。另一方面,在具备了分层次的系统具体的落实措施后,还需要国家、地方各级、社会、学校等方面的同时发力、协调推进。

三是立足现有基础,找寻改革突破口。尽管我们说普通高中育人方式改革面临日益复杂情况,需要顶层设计的科学完善、不同层级要同时发力、协调推进,但是,我们不能等待这样一种理想境界出现了再行动。实际工作中,在理想状态没有出现前,我们常常不是无所作为的。每一个时期,总是有一些学校、一些地区努力地尝试在育人方式方面的改革。尽管这些改革只是个别或若干环节或是局部的,但这些积极的尝试,无疑对于我们今天的改革不无裨益,是今天改革的基础。因此,不同地区和学校,应总结以往哪怕只是零星改革的经验和教训,在此基础上,依据《指导意见》组织本地、本校的系统化的改革设计,并在确保稳定的前提下,选择本地、本校基础较好、容易见效的领域或环节,先行改革,寻求突破,为稳妥、有效地推进其他环节和领域的改革奠定基础、提供经验。

(2019年9月25日)

中小学生品格提升的基本遵循

目前,江苏省共有3个批次167个学校在实施中小学生品格提升工程项目。2017年3月,江苏省教育厅和财政厅《关于启动实施江苏省中小学生品格提升工程的通知》(以下简称《通知》)明确,列入工程立项实施的"项目阶段性建设时间原则上为一年,省教育厅将在项目资金下达一年后,从破瓶颈、有创意、开新路、得实效、能推广等方面,对项目进行检查视导。"也就是说,第一批、第二批项目,随着时间的推移,应该基本完成规定的实施任务、达成了相应目标。但是,从我们调研视导的结果看,情况并不很乐观。比如,第一、第二批项目实施明显存在这样几个问题。

一是项目学校在环境和硬件建设方面指向不清晰,欠缺围绕中小学生品格提升的课程和活动设计。

二是省级项目之间有"移花接木"的情况,本项目的中小学生德行涵育特色不鲜明,尤其是与"高中课程基地""前瞻性项目""小学特色文化"等项目相似度极高。

三是少数项目学校存在将全校性的教育教学工作纳入到本项目的情况,还有少数学校没有按照项目申报时的设计组织实施,变调、走样了。

四是少数项目学校在评价中小学生道德操守时，存在"打分""排名"等"异化"情况，这与本项目的目标指向是相背离的。

五是本项目是全员、全程、全方位的德育项目，但有些学校仅仅是班主任和德育干部在忙乎项目实施，全体教师的参与意识不强、参与言行不到位。

六是全省各区域重视程度差异较大，有的高度重视，还设立了市级项目并有经费配套，但有的区域送省项目遴选和培育不够、设计层次不高，以致省级评审通过率较低。

这些问题的存在是有违这个工程的实施初衷的。《通知》指出："全省中小学生品格提升工程，以落实立德树人为根本任务，以学生品格锤炼与核心素养的全面养成为目标，以构建充满生机活力的基础教育生态为取向，在聚焦现实、问题导向、价值引领的基础上，着力于学生思想品德、人文底蕴、科学精神的系统培育；着力于学生志存高远、勤学上进、健康生活的自主发展；着力于学生责任担当、实践能力和创新精神的整体提升，探索学生内心喜欢、知行合一、坚守不变的符合教育规律和青少年身心发展规律的育人范式。"这既明确了工程实施的指导思想，又明确了要通过"聚焦现实、问题导向、价值引领"三方面的"着力"，实现形成"符合教育规律和青少年身心发展规律的育人范式"的目标，而这正是实施这项工程的初衷所在。

但是，这项工程实施中存在的一系列问题表明，目前状况离开目标要求还有不小的距离。为此，要树立正确的项目实施观。不应为了给学校脸上"贴金""点缀"而申报，批准立项了也是虎头蛇尾地实施，而是应在认真解决好以上6个方面问题的基础上，回到原点、重新审视：从项目设计到实施，有没有聚焦现实？有没有以问题为导向？有没有价值引领？这三个方面的要求，在《意见》中是基础性要求，但同时也是工程实施全过程的基本遵循。

聚焦现实，就是应根据党和国家有关提升中小学生品格的要求观照本校学生品格现状，总结本校学生品格培育方面的已有实践和经验、存在问题，在此基础上进行项目设计、有计划有步骤科学实施，以提高实践品质、丰富实践经验，并在此过程中解决存在问题，不断优化学生品格提升所需的校内外环境条件。

问题导向，是指主要应该针对本校学生品格培育方面存在的问题，比如，课程、教材、教学、活动零散不成体系、载体欠缺或品质不高、重视不够或氛围不浓等等，在项目设计阶段就有明确的目标指向，就是要解决存在的一个或多个问题、局部的或整体上的问题；在实施过程中，不仅要跟踪原有问题的解决状况，而且要密切观察有无新问题产生，如有，应及时设计解决新问题的方案并适时实施，形成符合教育规律和学生身心发展规律、学生喜欢并能知行合一的具有校本特色的品格培育载体。

价值引领，是指本项目在什么样的价值观指导下实施，简单地说就是项目实施的指导思想。这应该在项目设计时就十分明确，其中至少有两层含义：一是项目实施的全过程要以社会主义核心价值观为指引、以培养德智体美劳全面发展的社会主义建设者和接班人为归宿;二是项目实施形成的环境氛围要有濡染学生耳目、浸润学生心灵、锤炼学生品格的功能,也就是立德树人的功效。而本项目校本化实施的价值引领与本校文化之精神文化价值目标应该是同向的,甚至是同一的。

(2019年11月29日)

学生发展指导：现实而战略之任务

长期以来，作为学校教育基本任务的学生发展指导，在由考试引领而成的教育生态里并没有得到应有的真正的重视，也因此，就有了去年6月国务院办公厅《关于新时代推进普通高中育人方式改革的指导意见》中"加强学生发展指导"要求的赫然提出。在现有工作做得不够、欠缺很多、同时又面临新要求的情况下，学生发展指导如何完成好既补差补缺又落实新要求的双重任务，是需要费些思量的。而基本思路和途径则是明确的。

在思想认识上，应充分认识学生发展指导的重要性和必要性。毫无疑问，学生发展指导是学校教育的天然内容、学校工作的重要方面，是实现教育目的的重要手段。做好学生发展指导工作，是使得学生尽早适应学校学习和生活，使得学生尽早了解经济社会发展及其对自己的期待，使得学生把这种期待与自己的兴趣爱好特长发展尽早融汇一体，实现个人发展与社会需要相统一，进而获得终身发展、终身幸福的需要。学生发展指导还是培养国家发展、民族振兴需要的人才的供给侧工作，直击育人方式改革，也是育人方式改革的新动力。学生发展指导工作的主体是学校，关键在教师，同时需要家庭、社会(高校、企业、科研机构等)、舆论和政府的共同努力。

在制度设计上,应建立健全保障学生发展指导工作落实到位的体制机制。学生发展指导看似是人人都会、处处都可的学校常规工作,但又常常被忽视而难以真正落实到位,因此,必须有相应的制度加以保障。区域教育管理部门要设置学生发展指导的工作和研究机构,最大限度地集聚和优化相应资源,营造良好氛围;把学生发展指导纳入学校工作考核内容,作为教师培训的重要内容,提高教师指导学生发展的素养和能力;统筹区域内外的学生发展指导力量,有计划有步骤有针对性地开展基础教育各学段学生发展指导。学校应建立校级统筹学生发展指导工作的组织,有总体规划和具体计划,做到目标和任务具体明确、责任和要求落实到位、考核和奖惩机制有力。

在措施采用上,应切实保障学生发展指导工作有效开展及其成效的取得,促使每一个学生得到最好最快的发展是学校教育的基本任务,也是学校的魅力所在。因此,要确保学生发展指导工作卓有成效,第一,实行学生发展指导课程化,着力建设好具有本校特色的学生发展指导课程,并按规定的课时不折不扣地实施;编写与时俱进的教材,最大限度地丰富课程资源,运用生动活泼的教学方式方法。第二,实行常态化、全学科学生发展指导工作,使得关注、引导每一个学生的基于其现实状况的个性化发展成为学校的文化,全体学科老师应自觉地结合学科实际,因势利导地给予学生发展指导。第三,增强学生发展指导的科学性,科学测评学生身心发展水平和认知倾向等,但测评技术必须适宜本土文化特点和民族心理;基于测评结果给予学生的发展指导及相应的活动设计,必须是有利于学生学习进步,有利于提高学生选修课程、选考科目、报考专业和未来发展方向的自主选择能力,惠及学生工作生涯乃至生命全过程的发展和幸福。

(2020年6月25日)

第二编
公平而有质量的基础教育发展

考量区域基础教育的基本维度

区域概念在经济和社会发展领域是耳熟能详的普通概念,如区域发展、区域经济发展、区域经济学等。在教育系统,区域概念显然也是一个重要概念,而且在特定层次上(如县级区域、设区市及省级区域等)的教育管理者那里,区域教育的概念当然也是清晰的。但是,如果加以深究,在一定区域的教育管理者脑袋里的区域教育概念,无非是指自己管辖范围内的教育事业的整体状况以至是一所所学校(幼儿园)的叠加。管理者脑袋里这样一种区域教育的图像,是区域教育的简单化构图,无疑是对于区域教育的表象性认知。而问题是在实际工作中,教育管理者谋划、推进教育事业时,往往满足于这样的认知,结果名为追求区域教育发展水平提高的政策措施及其成效,常常失之偏颇。于是,正确把握区域教育内涵就成为追求真正意义上区域教育发展目标的基础性工作。

一般而言,区域是指行政区域。伴随区域范围的扩大,区域教育事业不仅规模变大而且体系更为完整,因此,具有完整体系是区域教育的显著特征。而在一个区域内,基础教育是其整个教育事业的基础、重要组成部分、发展的重点。

区域基础教育是指一定行政区域内的基础教育。比如,在我国县(市、区)层次的区域内,基础教育普遍具有较为完整的体系,一般由学前教育、义务教育和普通高中教育组成,公办与民办中小学校与幼儿园共同构成区域基础教育事业的主体;中小学校与幼儿园依据乡镇和社区及其人口分布情况加以布设;有一支与事业规模相适应的教师队伍以及由此确定的教育教学质量目标。因此,区域基础教育事业的基本特征是:有体系、有结构、有布局、有队伍、有目标。于是,区域基础教育质量的内涵也就基本清晰了。

衡量一定区域范围的基础教育质量,应包括区域基础教育的宏观、中观和微观三个层面。

宏观层面,一定区域内基础教育体系健全与否及其建设水平、结构(主要指公民办事业比例)优化程度、中小学校与幼儿园布局合理与否,应该是基本的考量维度。

中观层面,主要应是指一定区域内基础教育课程教学实施、中小学校和幼儿园的办学与管理、校长和教师队伍建设等方面工作。

微观层面,是指一定区域整体的、每一所中小学校与幼儿园的教育教学,包括课程与教材建设、课堂教学、评价制度等。

提高区域基础教育质量,必须从以上三个层面同时着手。否则,就不是真正意义上的区域基础教育质量。尽管区域基础教育质量必须建立在以上每个层面及其各领域质量的基础之上,没有每个层面及其各领域的质量,也就没有区域基础教育的整体质量,但是,区域整体的基础教育质量不是各层面及其各领域质量的简单组合、叠加和拼凑,而是区域基础教育各层面及其各领域之工作结构化有机整合、协同实施相互促进的结果。为此,在谋划提高区域基础教育质量的工作时,需要有对于区域基础教育发展的整体把握、整体规划,进而需要有对于区域内基础教育各层面工作的设计,还需要有对于区域内基础教育各层面间工作协同方式的构建。这是整体推进区域基础教育发展、追求区域基础教育质量的基础性、前提性工作。

(2018年12月13日)

发展公平而有质量教育的基本路径

公平是人类社会发展到一定阶段出现了不公平问题时人们的理想和追求。教育公平是社会公平的基石。因此,教育公平日益受到人们的关注,推进教育公平成为政府社会治理的重要目标和任务。与此同时,由于不公平教育蕴含着人们所受教育的质量不一样的问题,使得人们追求的公平教育其实质是质量基本相同或相近的教育。于是,公平而有质量的教育开始成为现时代人们的理想和追求。

作为社会学名词的公平,在法律上,是法所追求的基本价值之一。公是公共,指大家;平是平等,指大家平等存在。由于人与人之间存在差异,因此,没有绝对的公平,只有相对的公平。公平包括公民参与经济、政治和社会生活的机会公平、过程公平和结果分配公平。

教育公平,是指配置国家教育资源时所依据的合理性规范或原则。这里所说的"合理"是指要符合社会整体的发展和稳定、符合社会成员的个体发展和需要,并从两者的辩证关系出发来统筹配置教育资源。

教育质量是对教育水平高低和效果优劣的评价,最终体现在培养对象的质量上。教育质量有宏观与微观之分。从宏观层面看,教育质量就是整个教育体系的质量,是指整个教育系统的规模、结构和效益等等方面之间的协调状态。微观教育质量是指培养对象的质量,也就是教育水平高低和效果优劣的程度。

追求公平与质量已成为我国教育发展的主旋律。公平和质量是党的十八大以来党和政府推进教育现代化建设的核心目标,已经成为教育系统工作的主旋律。这从党的十八大以来每年"两会"政府工作报告关于教育改革发展的总原则、总任务、总要求的具体内容中可以感受到。比如,坚持优先发展教育(2012年)、继续推进教育优先发展(2013年)、促进教育事业优先发展、公平发展(2014年)、促进教育公平发展和质量提升(2015年)、发展更高质量更加公平的教育(2016年)、办好公平优质教育(2017年)、发展公平而有质量的教育(2018年)、发展更加公平更有质量的教育(2019年)。

今年,在第十三届全国人民代表大会第二次会议上,李克强总理向大会作政府工作报告时指出,发展更加公平更有质量的教育,努力办好人民满意的教育,托起明天的希望。这是第六年把公平与质量作为教育工作的核心目标和要求。而这些年来,从教育部到地方各级政府及其教育部门的具体政策措施看,很少不是针对公平和质量的。他指出:"发展更加公平更有质量的教育。推进城乡义务教育一体化发展,加快改善乡村学校办学条件,抓紧解决城镇学校大班额问题,保障进城务工人员随迁子女教育,发展互联网+教育,促进优质资源共享。多渠道扩大学前教育供给,无论是公办还是民办幼儿园,只要符合安全标准、收费合理、家长放心,政府都要支持。推进高中阶段教育普及,办好民族教育、特殊教育、继续教育。持续抓好义务教育教师工资待遇落实。……我们要切实把宝贵的资金用好,努力办好人民满意的教育,托起明天的希望。"总理提出的这些发展"更加公平更有质量教育"的内容,既是今年教育工作的新目标新任务新要求,也是若干年来政府和社会、教育系统坚持不懈努力为之的工作。在这些方面,政府和社会、教育系统已经做了大量卓有成效的工作,但还有不少基本工作需要作出艰苦的努力才能真正做好。

基本,即基础和根本。在发展更加公平更有质量教育上的、既是基础性又是根本性的工作,至少应有以下三个方面。

第一,保持执政理念与实践的一致性。公平是社会和谐稳定、发展进步的基础。没有教育公平就没有社会公平。鉴于此,发展更加公平更有质量的教育,客观上就是我党在教育上的执政理念和价值取向。这是党的性质和任务决定的、是长期执政所需要的。因此,在发展更加公平更有质量教育的问题上,需要把执政理念和执政实践高度统一起来。如果说,普遍地不断地提高教育质量容易成为社会全体成员的共识,并可以举全社会之力实现的话,那么,更加公平的教育虽为我党的理想、全社会的理想,但是,真正意义上的教育公平的实现,需要我们深刻认识教育公平的价值意义,身体力行、率先于民众执行教育公平的政策。否则,无以在发展更加公平更有质量教育的进程中体现我党执政理念的要求,也就难以真正发展更加公平更有质量的教育。

第二,保持学校的相对均衡。教育公平是相对的。作为教育公平外在表征的校际均衡也是相对的。为此,发展更加公平更有质量教育的一个基本要求是:努力保持每一所学校的人财物条件、办学管理水平、教育教学质量的基本均衡,并以此为目标办好每一所学校。如果说,各级各类学校由于培养目标、承担责任和使命的不同,需要配置不同的人财物条件的话,那么,同学段、同层次、同类型学校应该赋予大体相当的人财物条件,尤其是公办学校的人财物配置应该是标准化的。但是,在面临全社会对于公平而有质量教育的强烈期盼、而政府财力总是有限的情况下,应该解放思想、鼓励支持、科学引导社会资源最大限度地进入国民教育系统,或支持公办学校建设、参与公办学校管理,或依法独立举办学校、幼儿园,以满足由于人的差异、家庭的差异形成的对教育的选择性要求,努力解决好政府教育发展目标定位高、社会教育需求旺又期待公平而有质量,但教育经费不足的矛盾。教育的供给侧不足,是引发不公平、质量不高教育的主要原因之一。

第三,重视教师的根本性作用。没有教师就无以为学校,"教师是开启世界未来的钥匙",作为教育主要承担者的教师是人类发展的动力源泉所在,复兴始于教师、对教师的投资是对未来的投资,教师的专业水平、敬业与否、社会地位与教育质量密切相关。但是,我们往往会忽视教师在教育公平目标实现中的根本性作用。当然,我们常常认为:均衡配置教师,就能达成校际相对均衡,而这是"治标不治本"的。教育社会学的研究表明,一所所学校、一个个班级都是一个个特定的小社会。教师面对这个社会的每一个成员——学生时,赞赏、鼓励,还是忽视甚至漠视,直接影响到学生学习积极性的调动、潜能的激活与否,长此以往,学生的学业水平的分化就难以避免。其中的一个明确的信号是:每个老师发自内心的公平地对待每个学生,是教育公平最为基本之前提所在。教育的重要目的之一是赋予每个学生终身发展和幸福的能力。因此,教师平等地对待每个学生的职业操守也就成为教育公平目标能否真正实现的根本所在。而教师高尚的职业操守的具备,前提是要让教师:一是有尊严(人格的、专业的),二是有地位(职业的、经济的、社会的),三是有道德(在前两者基础上的较高的道德水平)。

(2019年4月30日)

基础教育高质量发展的江苏经验

江苏追求基础教育高质量发展的进程,是一幅波澜壮阔画卷的绘就和展开过程。同时,由于江苏的特殊性,决定了在追求基础教育高质量发展的进程中,逐步形成了一些独特做法或者叫做经验的东西。

体现区域特点的目标引领。江苏具有较为深厚的人文底蕴,经济社会发展基础较好,有尊师重教的传统,因此,江苏教育在历史上的各个阶段发展都较快。而经济社会发展在不同阶段对教育的要求不同,在客观上需要有引领不同阶段教育发展的目标。江苏从20世纪90年初提出的教育现代化,就是这样的目标。教育现代化是江苏现代化对教育发展要求的产物,也是教育自身持续发展的需要,是江苏教育高举了30年的旗帜。高举旗帜、促进改革、集聚资源,优化条件、促进发展、提高质量,从20世纪90年代初开始就成为江苏基础教育发展的主旋律。

体现发展要求的重点突破。一个区域的基础教育质量是基础教育发展的必然追求。而质量应是发展的题中之意。发展要有条件支撑。人财物条件保障是基础教育质量提升的基础和前提。江苏尽管经济社会发展水平一直处在全国前列,教育发展的支撑条件较一般省区要好一些,但也不存在取之不尽的"金山银山"。江苏落实中共中央国务院1985年颁布的《关于教育体制改革的决定》精神,在创造性地建立了"县乡村三级办学,县乡两级管理,社会参与,学校自主发展"教育体制的同时,还在全国最早提出并实践"人民教育人民办,办好教育为人民",因此,较早地普及了小学教育、实现了"两基"目标(基本普及九年义务教育、基本扫除青壮年文盲)。为了追求中小学校的规模、质量和效益,20世纪末、21世纪初的10多年时间里,先后进行了三次中小学校布局调整,同时实施了10多项有省财政超过百亿经费支持的缩小区域、城乡中小学办学条件差距的实事工程。

体现改革精神的体制创新。教育体制的建立、改革和完善,根本目的是最大限度地集聚社会教育资源、发展教育事业,适应人民群众、经济发展和社会进步对教育的要求。江苏的"县乡村三级办学,县乡两级管理,社会参与,学校自我发展"体制,一直实行到本世纪初国家提出实行"义务教育以县为主"管理体制后才开始做出调整。而目前,江苏县域层面的义务教育管理体制,在不少县(市、区)其实还是沿袭了原体制的许多做法。在江苏的不少地方,以县为主,实质是县管人头(费)、乡镇管事务(建设、办公、奖金等),原体制还在发挥这不可或缺的"余威"。

体现根本所在的队伍建设。教育工作所有方面的努力无不聚焦在质量上,而质量的形成和提高,最终取决于教师队伍的整体素质。几十年来,江苏在推进基础教育现代化建设、追求基础教育质量提升过程中,始终坚持不懈地创新教师队伍建设的路径。设区市、县(市、区)两级都建立了幼儿园和中小学骨干教师、学科带头人评审认定制度;建立了名师工作室、校际间的教师研修访学、对口帮带制度;出台了一系列加强乡村教师队伍建设的措施。省级层面,在全国最早开评了中小学特级教师和正高级教师、实施江苏人民教育家培养工程与江苏教育名家工程、建设"四有"好教师团队等,培养基础教育领域的领军人才。

体现智力支撑的教研科研。江苏各级教科研机构直接服务科研兴校(园)、促进教师专业发展的群众性科研、教研活动广泛开展,各类活动丰富多彩、品质日臻。"教学新时空"网络教研平台作用日益增强,惠及了全省80%以上的中小学、幼儿园教师。教科研基地学校和幼儿园、学科基地学校的科研、教学改革不断深入;"师陶杯"教科研论文评比品牌影响力与日俱增;教育科学规划课题、教学研究课题研究面广、量大、质优;优秀课评选、教学基本功比赛有效有力地引领了中小学、幼儿园教师立足课堂、研究课堂、提高课堂教学质量和效益。

(2018年12月3日)

基础教育内涵建设的江苏特点

加大内涵建设力度、追求高质量发展,是"十二五"以来江苏基础教育改革发展的基本特征之一。内涵建设力度加大,具体反映在从 2011 年开始实施的一系列建设工程上。

——深化基础教育课程教学改革,推进普通高中特色建设,启动普通高中课程基地建设,从 2011 年至 2020 年建成 400 个左右省级普通高中课程基地。主要任务是:创设特色鲜明的教学环境,建构突出核心内容的教学模型,建设促进自主学习的互动平台,开发丰富而有特色的课程资源,建立教师专业成长的发展中心,形成学生实践创新的有效路径。

——贯彻国家和省中长期教育改革发展规划纲要精神,从 2012 年起启动实施薄弱初中质量提升工程,以强化薄弱课程建设为抓手,全力提升初中建设水平,促进义务教育学校教育质量和整体办学水平全面提升,推进全省义务教育优质均衡发展。主要任务是:树立奋发有为的精神,制定质量提升行动方案,重点提升教师专业能力,加强城乡学校结对挂钩,着力加强教学过程管理,努力推动教学方法创新,开拓数字化学习新路径,加大对薄弱学校的经费投入。

——落实立德树人根本任务,自 2013 年开始推进小学特色文化建设工程,以特色课程文化建设为抓手,全力提升小学教育质量。主要任务是:加强校园物质文化建设,不断优化育人环境;强化课程文化开发,深入实施素质教育;打造学校精神文化,全面提升师生素养。

——为了巩固提高残疾儿童少年义务教育,大力发展残疾儿童学前教育和残疾人高中阶段教育,加快完善省级特殊教育体系,逐步满足残疾人不断增长的教育需求,全面提升特殊教育质量和整体办学水平,组织实施特殊教育发展工程。主要目标是:到2015年,基本普及残疾儿童少年15年免费教育,其中接受高中阶段教育全免费比例达50%以上,2020年达95%以上,基本满足残疾人接受学前和高中阶段教育的需求,全面提高特殊教育发展水平和质量。主要任务是:完善特殊教育体系,推进特殊教育现代化建设,提升特殊教育师资专业化水平,加强特殊教育科学研究,保障特殊教育经费投入。

——按照《3—6岁儿童学习与发展指南》、江苏省政府办公厅《关于加快学前教育改革发展的意见》要求,深化幼儿园课程改革,提升保教质量,从2014年起开展幼儿园课程游戏化建设。主要内容是:实践课程游戏化理念,发挥游戏和生活的独特价值,最大限度地支持和满足幼儿通过直接感知、实际操作和亲身体验获取经验的需要;改造课程游戏化方案,创建课程游戏化环境,构建游戏化活动区域,建设课程游戏化资源,提高课程游戏化实施能力。

——实施《江苏省基础教育教学改革行动计划》,进一步提升全省基础教育教学改革和教学研究水平,自2015年起设立江苏省基础教育前瞻性教学改革实验项目。项目要求:围绕"实际、实招、实验、实效"的原则,针对江苏基础教育教学中存在的现实问题,选准突破口和切入点,创造性地提出科学的思路、方法、措施和预期效果;利用前沿理论、创新方法路径、破解现实难题,注重前瞻性;体现理念创新、理性思考、理论建树,注重原创性;坚持实验探究、构建教学范式、促进主动好学,注重实效性;坚持理论研究与实践运用的统一,在强调理论成果价值的同时,更加注重成果的应用性和可推广性。

——全面落实立德树人根本任务,推动中小学以育人为中心的内涵发展,促进青少年全面发展、健康成长,2017年启动实施江苏省中小学生品格提升工程。主要任务是:统筹课堂教学、资源环境、系统保障等各个环节,建设有亲和力的学生发展中心,创新有感染力的课堂范式,开发有生命力的特色资源,发展有鲜活力的学生社团,打造有创造力的育人团队,构建有影响力的共育平台。

以上这些在2011年至2017年期间启动的、目前仍在持续实施的基础教育内涵建设工程,有这样几方面共同的特点。

一是由教育和财政行政部门共同组织实施的、主要着力在内涵方面、直指提升教育质量的工程。尽管是教育内涵建设工程的绩效是滞后的,但每个项目均有省财政给予一次性项目经费支持。

二是每年通过各级申报、评审,送省一级遴选的项目有50个左右。注重质量,比如是否指向基础教育面临的重点、热点和难点问题的解决,是否具有前瞻性和创新性,因此,每年实际批准立项的项目数量不恒定。

三是每项工程本质上是基础教育每一个学段和类型学校的课程建设工作。课程是教育的本质、素养的跑道,因此,这些工程的设计和实施都抓住了基础教育阶段各级各类学校内涵建设的本质和关键。

四是每项工程的实施由政府教育行政部门发起,而过程性的管理、指导和服务工作则委托教科研机构、学术团体或高校组织。在相应机构分别设立项目实施"指导中心",体现了教育内涵建设的学术性、科学性要求。

五是每项工程的实施由相应的"指导中心"具体负责。比如,组织对承担项目的中小学、幼儿园和单位进行集体培训,对项目实践与研究进行过程指导、年度视导、终期汇报、经验总结、成果汇总、宣传推广等工作。

六是推进项目学校、幼儿园开展自组织活动。随着各学段承担项目的中小学、幼儿园和单位的增加,按照项目的性质和功能分成若干个项目联盟,明确由"盟主"牵头并在"指导中心"指导下开展项目实践与研究活动。

七是带动面上学校和幼儿园提升内涵建设水平。各项目学校、幼儿园不仅要通过项目实施提升自己学校的课程建设和实施水平,而且要以强带弱、负有帮扶责任,并把联动学校及相应帮带措施作为申报、评审的重要条件。比如,初中是项目弱校申报、由一强校帮扶,小学是项目校加入一学校联盟、联盟牵头校为它的共建校。

(2018年12月30日)

在危机中育新机

今年"两会"的政府工作报告中没有提出全年经济增速具体目标,主要是因为全球疫情和经贸形势不确定性很大,我国发展面临一些难以预料的影响因素;而且报告在关于今年的发展目标和下一阶段工作总体部署中指出,要"紧扣全面建成小康社会目标任务,统筹推进疫情防控和经济社会发展工作,坚持稳中求进工作总基调,坚持新发展理念,坚持以供给侧结构性改革为主线,坚持以改革开放为动力推动高质量发展……"。应该说,基于新冠病毒疫情这一全球公共卫生危机造成的诸多不确定性,作出这样的决策无疑是实事求是的。

"两会"开过已有月余,全球疫情还在蔓延,并有再次暴发的可能,何时终结难有定论。因此,在常态化防控的要求和情形下,经济社会发展的诸多工作必须采取非常态的方式加以组织、推动和完成。疫情对于生产、生活的各个领域无不产生深刻影响,引发变革现存生产和生活方式的客观要求。为此,生产和生活的各个领域必须在危机中育新机,于变局中开新局,这其中就有坚持新发展理念、实现创新发展的要求,同时也为创新提供了空间、营造了环境。未来已经加速到来,未来真来了,未来已来。

近些年,人们开始逐步感受到由互联网、大数据和人工智能技术相互支撑构成的人类未来生产和生活图景,"借助"新冠疫情提前到来了。在这些图景中,当属针对大中小学生的线上教育最为生动、逼真。当我们身处喊了几十年的教育信息化一直难以真正落地、甚至找不到北的窘境,在我们担心运用大数据分析学情和教情存在侵犯隐私等负面效应之时,在我们忧虑人工智能技术运用可能有违教育伦理之际,疫情下"被迫"全面展开的线上教育,既消除了我们的部分担忧,又展现了由互联网、大数据和人工智能技术支撑的线上教育的魅力,还昭示了线上教育完善、优化、升级的要求和路径。伴随这些要求的"被"落实,终将促使依托互联网、大数据和人工智能技术形成新的教育教学格局的出现。

这样一种新的教育教学格局是"借助"新冠疫情提前到来的,它使得我们有些措手不及,同时又迫使我们加速思考:它对于宏观层面的教育发展方式、教育管理模式及其体制机制,中观层面的教师队伍建设、学校建设及其办学管理,微观层面的课程建设、课堂教学及其评价等方面,将产生怎样的影响?

比如,适应疫情下实施教育教学的要求,线上教育有没有可能成为传统全日制现场化面对面的学校教育教学的重要组成部分?还是仅仅作为补充?

再如,线上教育作为一种特殊空间里的、同样有着质与量要求的教育方式,逐步发展成为与线下实体学校同时并存的线上学校,进而成为教育事业的有机组成部分,这种情况可能出现吗?我认为是有可能的。

以创新、协调、绿色、开放、共享的新发展理念观照疫情下的线上教育以及可能出现的线上学校,可以发现,这既是教育发展方式创新的成果,也是解决由于长期以来教育资源分配不均衡导致的区域、城乡、校际教育不协调不和谐、发展水平不平衡问题的上乘之策,还是实现教育公平、提高教育整体质量的重要途径。

因此,线上教育以及可能由此发展而来的线上学校,无疑要求我们以发展的眼光看待它、支持它,更需要我们及时研究其发展方式的特殊性,建立有利于它发展的体制机制和管理方式,促使疫情下的教育在适应、变革、创新中获得持续、公平而又高质量的发展,而这正是教育领域的"在危机中育新机,于变局中开新局"。

(2020年6月30日)

基础教育困局的破解之策

应该说,江苏多年来全面提升基础教育质量各方面努力的成绩可圈可点、成果可喜可贺、经验可借可鉴,但同时与全国各地一样,面临很多问题,特别是一些老大难问题(如学生过重课业负担、校际不平衡、择校以及城镇学校尤其是优质学校大班额等问题),在现阶段的经济发展和社会进步水平上,显然无法从根本上解决好。当然,江苏在破解重、难、热点问题,追求基础教育质量全面提升的过往以及今后的实践,还是需要总结,特别是教训的总结更有价值。

其一,区域教育差距问题。由于地理特点和历史形成的区域差异,在技术快速进步的今天,各区域产业结构优化升级的基础条件还很悬殊,导致今天各区域经济和社会发展水平差异较以往更大,真正意义上的省域全面提升基础教育质量面临区域间绝对差距拉大的考验。

由于教育管理体制的原因,江苏省域基础教育质量进一步提高,有待于省域各区域内、各区域间基础教育水平差距的缩小、达到相对基本均衡,逐步实现均衡,努力实现全域优质均衡、城乡学校的教育质量普遍提高。这样才有可能满足人民群众"上好学"的普遍需求。

而问题在于,各设区市区域、县级区域内及其城乡之间的校际差距已经成为提高基础教育质量的掣肘。各区域内的校际(同城间、乡村间、城乡间学校)差距,是城镇学校大班额、优质学校超大班额、乡村学校小而弱等问题形成的主要原因。

在目前的江苏,基础教育质量差距问题的本质已经不在于办学条件,而在于校际、区域教师水平的差距,这是区域内基础教育质量难以整体提高、区域间基础教育质量差距出现进一步拉大趋势的根本原因所在。

为此,应由省级统筹,完善基础教育管理体制,通过政策引导、规范公办教师、尤其是公办优秀教师流动,均衡区域内优质师资的分布,以免择校、大班额问题的激化、反复出现;把乡村学校教师待遇提高到有较大吸引力的程度,吸引城市、城镇优质学校的骨干教师、优秀教师到乡村任教。在中小学和幼儿园教师技术职称评定、评先评优等方面持续加大向苏中北部县(市)、苏北地区倾斜;同时,采取提高这些地方高层次、优秀和骨干教师以及教师整体待遇等办法,引导他们安心在本地从教,逐步缩小与其他地区的教师水平差距。

其二,教育资源均衡配置问题。由于乡村城镇化等战略和政策引领的农民离开农村进城务工、大范围流动的现实,有可能使得农村中小学和幼儿园继续"不饱和"运转、城市中小学和幼儿园则超负荷运作,真正意义上的省域全面提升基础教育质量面临城乡教育资源难以短期内真正均衡配置的可能。

江苏基础教育质量进一步提高,面临城市化进程中不可避免的流动人口子女入学的无规律变化(近十年来的机械性暴增,不知何时止步,也不知何时将突然下降)的挑战。尽管目前的有关政策可以引导形成有规律的变化,但是政策效应的滞后性与教育问题解决的"一天都不能耽搁"要求的矛盾尖锐。而这将导致城乡并重、或兼顾城乡、或重城轻乡、或重乡轻城决策的难度、实践的误区。

就具体一个区域而言,生源的无规律变化,势必严重冲击正在推进的提升基础教育质量的各项工作无法继续或无力、低效甚至无效,使得城乡学校建设和布局、教师聘用和培训等都难以有计划、高质量进行。

教育部门应在真正意义上推进教育决策科学化、民主化,学习、研究、把握国家重大的战略决策、方针政策,重视解决教育重点、难点问题的战略研究,适度超前规划,用足现有资源、适当留有余地,建立中小学和幼儿园布局建设的动态调整和优化机制,以免生源暴跌或急剧下降而措手不及,以最小的资源损失、最轻微的教育规律违逆,获取长期的可持续的质量提升。

其三,丰富教育资源问题。我国,特别是江苏长期的集体经济发展及其给予基础教育的"无微不至"的支持,在今天国有、民营、混合所有制经济共同发展的格局面前,特别是"一大二公"教育政策的导向,极大地减弱了这种支持,办学体制的单一化可能导致教育资源的质和量都无法满足经济社会发展与人民群众的要求。

江苏民间有尊师重教办学校的传统,并在改革开放初直到本世纪初的30年间得到发扬光大。而在对民办教育的实际支持普遍不到位,甚至另眼相看的情况下,前些年清理"假民办"工作中形成的对民办教育的"歧视性"氛围,至今尚在,民办教育事业难以有新的发展。

从国有资源的有限性角度看,尽管经济发展给予基础教育发展的支撑力增强了,但伴随经济社会发展和人民群众对教育、特别是优质教育资源要求的日益强烈,这种支撑必定是捉襟见肘的,需要有民间资源尽可能多地用于兴办优质的中小学校和幼儿园。

从基础教育的办学活力角度看,尽管我们在激活各级各类中小学校、幼儿园办学管理和调动教师积极性上下了不少功夫,但是,主要由公办学校组成的教育事业,被考试教育引领,缺乏真正意义上的"教书育人"的内在而持久的动力。而总数不多的民办学校,尽管有师资力量和生源"质量"的局限,恰恰在努力地为学生开辟多途径的上升通道、满足个性化的发展要求、赋予多样化的特长技能,实现学校发展、学生成才。

从总体资源有限性角度、适应经济和社会发展以及人民群众接受优质教育需要出发,应设计有利于最大限度地集聚、丰富教育资源的教育体制,并建立相应的促进机制,激发民间深藏的办学积极性,激活民间资源用于发展教育。发挥民办教育的体制、机制优势,探索实践真正意义上的素质教育。

其四，课程教学实施问题。由于长期以来教师以教材为教育教学主要内容的实际，及其造成的课程意识淡漠、课程领导力与执行力均不理想的状况，使得学校层面的课程建设和实施要求难以真正落地、教育任务难以完成。

人们常常对各地、各级各类中小学校、幼儿园的名目繁多、指向内涵建设和质量提高的科研、教研活动啧啧称道，并以为是"满园春色"，而实际情况是，在考试教育引导下的教育行为被扭曲了。我们不否定有不少地方、不少学校申报课题或项目是为了提升内涵、促进教师专业发展、提高教育教学质量，但是，可以说，不少是为了获取资金、为学校（甚至是校长）贴金、做点缀。这种状况严重地折损了教研和科研的价值，导致了：教师不研究课标，课程在大多数学校校本化无力、甚至形式化；校长和教师课程意识、课程和学科育人意识淡薄，一本教材"伴终身"；一切为了考试、为了一切考试，为考试而教学的局面。

同时，基础教育的教学形态总体上仍然没有摆脱传统教学的束缚。特别是在日常的课程教学中，我们发现教学的深层结构没有发生根本的变化，"五步教学法"仍然是我们课堂教学中最主流的教学方法。在"五步教学法"中，课堂教学的主要线索就是"教师的讲"。江苏八十多岁高龄的尝试教学法创始人邱学华先生指出了一个发人深省的困惑："上个世纪七十年代我们就提出了先学后教，学生先尝试，教师再指导，为什么几十年过去了，我们的课堂教学还是没有能够翻转过来呢？"

课程是教育的本质、是学生素养形成的跑道。只有教材的使用不是真正意义上的课程实施，也不是完整意义上的教育。因此，应创造有利于学校、教师课程意识增强的政策、舆论环境和氛围。教研、科研活动应依据课程标准确定原则，设定主题、设计样式，促进学校和教师依据课程标准设定的目标和要求，提高课程校本化建设和实施能力，改革教学方式，变革课堂形态，实现教书育人目的。

其五，教师队伍素质下降问题。由于现行教师来源社会化政策导致的新入职教师整体素质下降，以及受师范院校走综合性大学道路趋势挤压造成的新教师培养数量减少、质量降低的实际，可能将严重影响中小学教师队伍胜任基础教育质量全面提升和现代化的要求。

我们面临基础教育质量全面提升、现代化所需教师来源上的一系列困顿。教师来源社会化政策，导致不少没有从教志愿、从教天赋的大中专毕业生，为了找到一份职业而考个教师资格证、通过考试进入教师队伍；原来成体系有特色的师范教育体系"瓦解"，师范院校纷纷大幅度减少师范生招生比例、直奔综合性大学而去，而仅有的师范生专业功底浅薄、发展后劲不足；为乡村学校定向招录、培养的新师资，"向"定而心不定，由于各种各样的原因，早晚将流向城镇学校或跳出教育系统。

教师是一种职业，更是一种专业。教师是专业工作者，需要听从内心的召唤、接受专业的训练。因此，需要设计培养高素质新师资的教育体系和政策支撑体系，以较高的经济、政治和社会地位、敞亮的职业发展前景,加上"X+1或2"(3年或4年专业教育加1年或2年教师教育)的培养模式,吸引优秀的大中专学生从教,建设一支素质高、结构优的基础教育师资队伍,为实现区域基础教育质量持续全面提升提供最根本的保障。

其六,学校没有"文化"问题。适应经济社会发展以及人民群众的需要,改革开放以来,基础教育事业得到了空前发展,中小学校和幼儿园数量猛增的同时,中小学、幼儿园均学生数过载、班额严重超标,可能造成学校建设上急、快、粗、陋等问题而欠缺文化的传承、积淀。

我们不得不承认,近几十年来,各地的中小学校和幼儿园不是原地改建、扩建的就是异地新建的,不少地方的学校建设已经经历几轮。总体上看,现在的学校、幼儿园外观上气象一新、姿态万千。但是,在观察整个学校建设进程的过程中,可以发现,一方面是适应乡镇撤并、城镇化需要,调整布局,大量撤并小、弱、散的学校,建设上规模、有气派的新学校,赢得了社会、家长的赞许;另一方面一所所新学校并没有成为真正意义上的"有文化"的地方,没有形成可以"浸润"师生的学校文化。

作为教育主要载体的学校,本质上是实施文治教化的文化机构。学校教育教学是一个文化过程、是一种文化的熏染。在反映特定社会要求的学校文化熏陶下,师生逐步养成了作为社会人的"无需提醒的自觉"。这是学校的魅力所在、功能所在、使命所在。因此,学校的物化环境的营造、人本化制度的设计、价值目标的确立,都需要在体现学校传统文化或传承所在区域优秀传统文化的基础上,结合时代发展对学校的要求,独运匠心,创造、积淀具有校本特色的物质的、制度的、精神的文化,并通过环境的、活动的、学科的课程建设和实施,逐步内化成师生的素养,外化为师生的气质和言行,成为真正意义上的有文化的学校。

(2018年12月17日)

公平与卓越基础教育的构建

构建公平与卓越的基础教育，这是一个全球话题，很有意义、价值连城。

公平与卓越的基础教育是世界各国的共同追求。发展水平较高的国家正在追求更加优质普惠的教育，而不仅仅是入学机会公平，以期为所有学生提供与其自身能力、个性特点相适应的教育。

公平与卓越是中国教育追求的价值目标。《中国教育发展规划纲要（2011—2020年）》要求："把促进公平作为国家基本教育政策""把提高质量作为教育改革发展的核心任务"。这是以公平为基础、质量为核心，将"促进公平、提高质量"作为战略重点。党的十九大报告指出："要全面贯彻党的教育方针，落实立德树人根本任务，发展素质教育，推进教育公平，培养德智体美全面发展的社会主义建设者和接班人。"习近平同志在全国教育大会上提出："促进社会流动，教育公平不能缺席，以教育公平促进社会公平公正，这门功课注定是长期的，深化教育体制改革，说一千道一万，就是为了提高教育质量，就是要让人民满意。"

公平的教育要为每一个来自不同阶层、民族、地理条件、肤色、个性的学生,提供同等的入学机会、赋予适合的教育,使得每个学生的认知和发展能力在原有基础上都获得应有提高,实现机会、过程、结果公平,而这需要有教师等资源均衡配置的制度加以保障。

卓越的教育是尊重、适合每个学生个性并使之得到最充分发展的教育,使得每个学生的认知和发展能力在原有基础上得到最大提升的教育,这同样需要有优化并均衡配置教师等资源的制度保障。

教育公平是社会公平的基石。公平也是我国基础教育发展的价值目标,是基础教育所有法律法规、政策策略的价值取向,是基础教育实现可持续发展的需要。

卓越教育的基本特征是质量不断提升。这样的质量反映在基础教育(学校)的方方面面(如办学管理、教育教学、师生成长等),是无处不在的质量、创新驱动的质量、文化支撑的质量。

卓越教育必须是公平的,公平应是卓越教育的本质所在。不公平的教育一定不是卓越的教育,只有公平的教育才可能是卓越的教育。

公平是卓越的基础和前提,卓越是建立在公平基础上的。没有公平可言的所谓卓越教育是畸形的、不道德、不公正的。

发展卓越教育是公平教育之内涵丰富与质量提升的需要。

发展公平而又高质量教育是教育可持续发展、社会文明进步的必然要求,卓越教育是发展公平而又高质量教育的必然结果。

基于以上对于公平而卓越基础教育的一般认识,我们认为,在发展公平而卓越基础教育过程中,作为基础教育主体的中小学校任重道远。因为,建立在学校教育公平基础上的基础教育才有可能走向公平。学校教育之于教育公平,是基础又是途径。因此,要做到:

(1) 尊重每一个老师,信任、放手、提供条件、促进提升;

(2) 平等对待每一个学生,尊重学生差异,因材施教;

(3) 利用现代教育信息技术,辅助实施公平教育;

(4) 建设公平文化,塑造校长、教师、学生公平人格;

(5) 赢得政府、社会、家庭、舆论等的全面支持。

(2018年11月6日)

乡村教育·乡村教师

改革开放以来,特别是近二十年,在拆乡并镇提高城镇化率、大力推进新型城镇化和城市化进程中,伴随进城务工人员持续多年暴涨、多轮乡村学校布局调整,形成了实际生活在乡村的青壮年人口减少、学龄儿童减少、留守儿童增多、村庄空巢化与学校空壳化并存、乡村学校教师年龄偏大与师生比过小同在的局面。因此,乡村教育面临问题,特别是乡村教师问题,已经成为我国现代化建设无法回避的问题。

问题是时代的声音。解决好乡村教育与乡村教师问题,是教育回应时代呼唤、适应时代要求、服务国家现代化建设的需要。

第一,应统筹城乡教育发展。近十多年来,在我国统筹城乡的教育民生事业发展中,有一条重要措施就是推进城乡教育均衡。教育不均衡问题突出表现在城乡教育的不均衡。城乡教育不均衡造成城乡教育的不公平。而教育公平是社会公平的基石。基石不稳不牢势必影响国家的长治久安、长远发展。因此,保障城乡幼儿、学生接受相对公平、公平水平伴随发展不断提高的教育,是实现社会公平的需要,是推进城乡教育均衡的重要目标。而促进城乡教育均衡、实现教育公平,必须坚持和完善现有制度、并根据需要创新制度;通过制度设计和实施,真正保障城乡教育均衡发展。具体地说,但凡有城乡构成的区域,应整体规划、同步实施城乡教育改革发展;统筹城乡学校建设、教师配备、经费分配等,通过统筹配置城乡教育资源,努力在尽可能短的时间内做到:城乡学校校舍、校园环境和设施设备一样好、教师素质一样高、学生一样能得到最快最好发展。

第二,应建强乡村教师队伍。乡村教育的根本问题是乡村教师问题。有一支相对稳定、素质较高、待遇令人羡慕的乡村教师队伍,是保障城乡教育均衡发展、乡村幼儿和学生接受高质量教育的根本所在。因此,应继续坚持和完善城乡教师交流、乡村教师培训、乡村新教师定向培养输送、职称评定倾斜和津补贴发放等吸引城市县镇教师到乡村任教的已有制度。同时,充分发挥义务教育"以县为主"、教师"县管校聘"的体制优势,进行教师供给侧改革,适应农村发展变化带来的乡村学校教师需求变化。比如,建立县域乡村教师"蓄水池":面向区域内外,招募各行各业有志从事乡村教育的专业人士,同时吸纳乡村学校"富余"教师,按需定期对这两类人员进行适岗或提高培训。再比如,教育经费投入真正向乡村教育倾斜,建立长效机制,特别是要把乡村教师津补贴提高到足以吸引城市和县镇优秀教师自愿到乡村长期任教的水平。

第三,应建优乡村教育文化。应在社会主义新农村、新型小城镇、美丽乡村建设等所有涉农的方针政策措施落实过程中,一并考虑乡村学校、幼儿园的保护和建设,使之成为乡村文化的高地、示范点和辐射源,引领乡村社会进步。应继续坚持和完善乡村教师周转房建设等政策措施,丰富、完善文化、网络和康乐设施,让来到乡村任教的教师留得住、安教乐教。镇村基层党政组织应发扬乡村尊师重教的传统,尊重教师、关心和爱护教师;同时发挥教师知识人、文化人、懂专业的优势,为乡村社会发展服务,让他们体会到在乡村学校工作的多重作用和价值。

(2020年6月19日)

薄弱初中建设的意义

今年是江苏省启动实施薄弱初中质量提升工程的第七年,也是第七次组织评选确定全省薄弱初中质量提升工程项目学校。每年评选前后都组织相应培训,在实施过程中则由省级教科研机构具体组织过程性指导,足见江苏对这项工作的重视、对项目学校寄予的厚望。因此,无论是前些年的项目学校,还是刚刚立项实施的学校,无疑应切实实施好这项工程,为全省初中教育改革发展、质量提升作出贡献。

一是充分认识实施薄弱初中质量提升工程的重要意义。2012年江苏省教育厅印发的《关于启动实施薄弱初中质量提升工程的通知》(以下简称《通知》)明确指出:实施薄弱初中质量提升工程的目标,是为了全面提升义务教育学校教育质量和整体办学水平,推进全省义务教育优质均衡发展。党的十八大以来,公平和质量一直是我国教育改革发展的主旋律、大目标。六年前,江苏义务教育已经开始从规模扩张向内涵发展转变,以回应人民群众"上好学"、每个孩子都能享受公平而有质量教育的热切期盼。但是,由于城乡二元结构的影响,广大农村依然存在着一批薄弱初中,城市也有一批吸收了外来务工人员随迁子女的相对薄弱的初中学校,影响和制约了义务教育阶段教育质量和水平的整体提高。

义务教育是基础教育的重中之重,初中教育是基础教育中承上启下的一个重要阶段,但是,初中教育在整个基础教育阶段的"细腰"状况至今并没有彻底改观。目前江苏城乡都存在的办学水平和教育质量不高的薄弱初中则是初中教育"细腰"问题的主要原因所在。因此,启动实施薄弱初中教育质量提升工程、推进薄弱初中课程基地建设,是建设好江苏大地上的每一所初中的上乘选择,也是推动初中教育质量和水平整体提升的必由之路。

二是切实完成实施薄弱初中质量提升工程的主要任务。《通知》明确了实施薄弱初中质量提升工程的主要任务是:树立奋发有为的精神;制定质量提升行动方案;重点提升教师专业能力;加强城乡学校结对挂钩;着力加强教学过程管理;努力推动教学方法创新;开拓数字化学习新路径;加大薄弱学校经费投入。完成这些方面的任务,将使得基础设施、师资队伍素质、课程实施水平、学校管理水平等方面薄弱的初中面貌有一个较大的改观,办学水平和教育质量有新的提高,为学校的可持续发展奠定良好基础。

应该说,完成这些方面的任务,对于每一所项目学校而言,不是都需要平均使力的,因为,各自现有的基础状况、面临问题都是不一样的。但每一所项目学校都因此取得了改变薄弱状况的机遇和有利条件,应有积极的姿态、主动的作为,研制科学的行动方案。方案应立足学校实际,明确总体目标、创新工作思路,落实任务要求、有条不紊实施。

三是切实抓好实施薄弱初中质量提升工程的核心环节。一般而言,薄弱初中之薄弱,外在表现主要是办学条件不好、管理水平不高、教育质量不佳,内在原因也是根本原因则是教师队伍整体素质不高。而教师素质不高一般又表现为课标理解力、课程执行力上升空间较大。因此,《通知》提出,要"以强化薄弱课程建设为抓手,全力提升初中建设水平"。课程建设是实施薄弱初中质量提升工程的核心环节。项目学校应围绕薄弱课程建设,通过改变教师教、学生学的方式以及知识呈现方式,以项目引领、载体建设,深化教育教学改革,打造教师专业成长平台。

课程是教育的本质。项目学校应该主要围绕课程建设进行设计实施,只有这样才有可能取得"牵一发而动全身"的效应。《通知》中原则上确定了9个方面的课程建设内容,包括:学科情境和学科文化的建设;重点教学内容的感知和验证平台;学习难点内容的模型建构;深化学生学科思维和解题能力的方法演示;教学资源和学习内容的拓展和链接;学科教具、学具和设备的添置;互动式自主学习平台的建设;提升学生科技素质的仪器和设施;学校认为需要建设的内容;等等。这些都是围绕学科课程的开发、知识呈现、学习方法等展开的,属于薄弱学校质量提升突破性环节的课程建设内容。可以想见,在这些方面的课程建设经过不懈努力,薄弱初中一定能够"强健"起来,初中这一整个基础教育体系中的"细腰"变得"粗壮",也将可期可待。

(2018年9月18日)

民办学校的科学发展

民办学校是民办教育事业的细胞。民办学校的科学发展是民办教育事业科学发展的前提和基础。为此,民办学校要回答好两个问题,一是为什么要科学发展?怎么样才能科学发展?

民办学校为什么要科学发展?

民办教育办学主体的多样性、办学主体价值目标的多元化,将是民办学校发展中必须长期正确面对、主动适应的局面。尽管现有民办学校,可能是非营利性的或者是营利性的,都不可避免地受到办学者的价值观的影响,但是,作为学校管理者需要牢记的是:民办学校是学校,冠以"民办"二字,并没有改变学校的本质属性——师生生命共同成长的地方,也不能无视学校肩负的特殊使命——培养德智体美劳全面发展的中国特色社会主义现代化建设者和接班人。体现学校本质属性、完成肩负使命,需要民办学校科学发展。

我们认为,学校科学发展的核心要义无疑应是遵循教育、师生身心成长规律基础上的发展。因此,研讨民办学校科学发展,是基于目前民办教育发展正处在一个特殊时期的实际,是基于对每一所民办学校遵循规律获得持续发展的期待。

2016年,教育部根据新的形势和要求以及民办教育发展中出现的问题,组织了《民办教育促进法实施条例》的修订,并成为今年教育部"民办教育工作部际联席会议2019年工作要点"的首要工作。民办教育发展进程中面临问题的解决、新要求的落实,涉及面广,统筹要求高。在这样的情形下,每一所民办学校的发展难免不同程度地受到影响。但是,作为民办学校校长不变的第一要务就是:努力引领学校科学发展。

民办学校如何科学发展?

科学发展观具体包括:以人为本的发展观,全面发展观,协调发展观,可持续发展观。科学发展观的第一要义是发展,核心是以人为本,基本要求是全面协调可持续性,根本方法是统筹兼顾。用科学发展观指导民办学校发展,民办学校才可能体现学校的本质属性、完成肩负的使命。当然,民办学校科学发展,需要多方面环境条件的支撑,而作为校长,以下几方面的基本工作需要切实做好。

一是正确处理与办学者的关系。民办学校校长应正视自己所在学校举办者的价值取向。营利性和非营利性的民办学校带给校长的管理难易程度,可能会有"天壤之别"。但无论校长只是拿年薪、还是股东或是有合伙人的身份,我认为,首先是学校的校长,是教育者、学校教育管理者。校长是学校的灵魂。能被聘为民办学校的校长,一般而言都是一个地区基础教育领域的佼佼者,都有自己的教育理想、教育思想、管理理念和实绩。因此,有足够的魅力和威望影响学校举办者。而其中的关键是如何处理好既要"五斗米"又不为"五斗米"的关系。因此,为了办学理想的实现、管理工作的顺畅、学校的可持续发展,校长有必要、有义务、也有责任向办学者宣传:办学校不是办企业,学校从兴办到做大做强必须有一个相当长的过程,一所学校的声名鹊起看似一夜之间,实质是经历了漫长过程后的一个转折点,办一所卓越、优质、个性、特色学校非一日之功。

二是全面实践"以人为本"思想。解决好上述关系,我认为,就为校长们争取了施展自己才能的时间和空间。这种施展需要由"以人为本"思想贯彻始终,让教师有休养生息的空间和时间,自主而又不断地提高教书育人的素养,成为"四有"好老师,让学生有基于自己认知水平和学业基础的选择性的、自主的发展可能,让职工有明了学校要求基础上的、适合学校环境氛围的言行与服务质量和效率,而不是竭泽而渔,要求教师披星戴月、学生认真接受灌输、职工为月工资奋斗。

三是建立人本的管理体制和机制。人本化的学校管理制度及其运行机制,应该是充分认识到教师是学校管理主体的产物。也就是说,学校一系列管理规范、约束和激励措施,应以能够激发教师内在的工作主动性、积极性为目标。第一,应确立每个教师都能成为"四有"好老师这个前提,学校的制度应该是立足于"进一步"激发教师的工作热情和创造性;第二,由教师自己来讨论学校需要什么制度和机制,并由他们自己来研制,以产生"无须扬鞭自奋蹄"的效应;第三,建立健全学生小组和班级、教师教研组、学科组、年级组、教职工代表大会等校内民主集中制体系,逐步促使师生真正成为学校管理的主人。

四是创建人在其中的学校特色。大凡校长都十分注重学校特色的形成,既体现自己管理学校的成功,又据此在同类同层次学校中获取应有位置。在学校,我们经常可以听到校长津津乐道本校的特色,一个、两个、三个,甚至更多。特色是事物所表现的独特的色彩、风格、特征等,是一个事物或一种事物显著区别于其他事物的风格和形式。特色是由事物赖以产生和发展的特定的具体的环境因素所决定的,是事物独有的。自己所在环境中产生的特有的显著区别于其他的,才能谓之特色。一口气报上若干个特色,说明:一是没有理解什么是特色,二是没有特色。如果说,学校的特色是学校的气质的话,那么,师生言行的特征和风格(气质)正是学校特色的反映。也就是说,学校的特色不仅仅表露在艺术体育、理科文科等学科类的荣誉、成绩上，也不仅仅反映在学校的设施设备、环境设计的丰富新颖上，而且表现在这两方面的内涵与外延、有形与无形之中，无不因循了师生成长的需要，无不浸润了学校或校长的教育思想。学校的特色中不能"见物不见人"，而应是"人在其中央"。

五是积淀涵育师生的学校文化。学校特色应该是学校文化皇冠上的明珠。民办学校的办学时间一般都不长，具有校本特色的文化积淀还有很大的空间。学校尽管是一个天然的文化存在，但是，不少学校由于不注意文化的积淀，学校文化的内涵浅陋而又稀薄，不足以形成特色，更无以涵育师生的气质。因此，民办学校迫切需要积淀具有本校特色的文化。积淀学校文化要遵循一个宗旨、着力在两个方面努力：学校文化的积淀不能汪洋恣肆、漫无边际、无所不包，而是应该围绕学校的培养目标（校训），进行相应文化资源的吸纳、整理、积累、外化；一方面是中华优秀传统文化的传承发扬光大，另一方面是现当代经济社会发展、学校举办者事业发展成果的吸收，以及学校自身发展成就的积累。学校文化是氤氲于学校整个空间、每个角落的氛围和气象，是静默却又灵动的建筑和设施设备等构成的环境，是规约并引领师生工作、学习、生活状态和方向的制度。学校文化积淀并进入了这样的境界，也就具备了涵育师生人格、气质的功能。

从教育文化学的角度考量，学校围绕培养目标进行的一切活动都是文化活动，是文化建设。因此，我们的学校务必不能无视、忽视、甚至轻视看似每天都在重复的工作，因为有了师生的参与,无不是在进行文化的创造。有人说,文化是一条河,它无处不在、无时不有。……只要有这条河流经过的地方,就会长出迷人的浅滩、茂盛的野草、浮动的暗香、啾啾的鸟鸣和人类的歌唱。学校以及学校的教育教学工作不就是这样一条文化之河吗?

(2019年9月23日)

高质量基础教育与教学研究

中国特色社会主义进入了新的时代、改革开放进入了新的阶段。新时代新阶段对我国社会主义现代化建设的各个方面都提出了新目标新要求。反映在教育上，就是适应经济高质量发展、社会全面进步，以及实现教育自身的可持续发展。而这些都必须深化教育供给侧结构性改革、推进教育高质量发展。在这样的主、客观要求面前，立足于现有基础上的江苏基础教育高质量发展要求，也就历史地向我们提了出来，并亟待在基础教育的各项工作中落实下来。近些年来，省委省政府和省教育厅都就江苏教育高质量发展提出了一系列明确的目标和任务，需要教研部门认真贯彻落实。

总体而言，适应新时代、落实新要求，要有新情怀、有新作为。而新作为应聚焦在"提升教师教研能力"上。

一是坚持"教师中心"思想设计教研工作。基础教育高质量发展，我的理解是，既是适应新目标新要求的发展，也是解决老问题老矛盾的过程。而无论是新目标的实现，还是老问题的解决，九九归一，最终取决于两个字、一个人——教师。关于教师重要性的描述，我们是几乎用尽了汉字应有的组合，但是，关于教师的重要性，有这样两个例子的写实，我认为是足以说明。

每年10月5日是"国际教师节"。这是联合国教科文组织和国际劳工组织彰显世界教师为教育事业所做出的贡献而倡议设立的节日。历年"国际教师节"都会颁布旨在弘扬教师职业价值的主题语,例如"有质量的教育需要有质量的教师""打造未来:立即投资于教师""复兴始于教师",这些主题语贯穿着一条鲜明的思想主线,即世界的复兴与繁荣发端于教师。这集中而形象地表现在2013年的主题语上:教师是而且只能是"开启世界未来的钥匙"。时任联合国秘书长的潘基文曾简明诠释了其中的内涵:"对教师的投资,是我们努力建设强大的经济、具有凝聚力的社会和人人享有尊严与机会的未来的明智投资。"似乎,我们的教师节主题、对教师职业价值的理解远没有上升到如此恰如其分的高度。

澳大利亚墨尔本大学的一位教授在研究了全世界800多个教育方面的元研究成果后,他得出了一个结论,在与教育发展、教育质量相关的所有因素中,最重要的是"教师"。

因此,如果说,教育教学毫无疑问要确立"学生中心"思想,那么,为了真正让每个教师不仅心中有这个思想,而且在言行上落实这个思想,教研工作则要坚定不移地确立"教师中心"思想。这不是说我们的教研工作没有以教师为中心,而是在实际的教研工作中,我们常常为考试而教研;我们常常"见物不见人",难得考虑我们面对的教师、参加我们组织的教研活动的老师都是一个个活生生的人、是社会人,我们有没有顾及他们的情感态度?而这一点是直接影响教研工作的质量和效益的。因此，设计任何一项教研工作，不仅应该考虑我们推进工作的需要，还应该充分考虑教师工作特点基础上的他们的情感和态度，也就是要同时考虑教师的需要和可能。

二是恪守基础教育教学规律组织教研活动。我们谁也不敢夸大教研工作的作用和功能，但是，上海在国际PISA测试中的连年出彩，为教研工作赢得了中国基础教育"秘密武器"的嘉誉。为此，作为教研工作者、教研机构，我们一方面要发扬光大教研工作的优良传统，不断提高教研工作在基础教育高质量发展中的贡献率，另一方面则要力避由考试教育引领的过早瞄准考试的课堂教学方式、在中小学各学段一年级就开始的学科测试排名。这种情况在各地都不同程度地存在，而这可不是在恪守遵守教育教学规律，而是有违教育教学规律的。

如果说，服务教师专业发展的教研工作是要交给教师符合教育教学规律的"金钥匙"，那么，我们就应该切实地遵循教育教学规律组织教研活动，赋予教师课程执行力、教材驾驭力、教学和评价的组织力，而不是为应试教育推波助澜。

三是着眼教师专业发展"顶天立地"做教研。我们通常以为教研工作无不是为了教师的专业发展，事实上也大体如此。但是，我们应该像要求教师进行教学反思一样，反思一下我们的教研工作、研究一下教研工作。我们的教研，特别是在县区一级的教研活动，既有围绕科研或教研课题展开的项目教研，也有教育教学的新目标新要求（如核心素养、关键能力)落地的创新型教研,而更多的是围绕学科教学、课堂教学质量和效益提高的传统形式和内容的教研。这类面广量大的教研活动,是基本的、必须的、一招都不能让的。因为这类教研活动是每个教师掌握教学基本技能、胜任岗位要求所不可或缺的。但是,仅仅为满足这一要求而开展教研活动是远远不够的。

所谓教师专业发展,其中"专业"一词,既是指专业知识、专业技能,也是指专业素养,确切地说指"专业文化素养"。如果仅有前者,那么我们的教师至多能成为"教书匠"。具备了专业素养,才可能成为"四有"好老师,才可能立德树人、教书育人,学科育人才可能真正落地。而每位教师专业素养的形成与提高,既基于他的学术背景,更有赖于在他从事教师职业后的主观的努力、客观的赋予。客观的赋予中,我们的教研活动不可或缺,因此也功不可没。

由此看来,我们的教研活动务必不能满足于赋予教师一些教学的技能、命题的技巧、教学的常规,而是还要赋予他们真正意义上的专业素养。要带领我们的老师研读课程标准,了解他们正在从事的、体现国家意志的事业,增强专业发展的内驱力;要引领他们了解学科发展的历史、学科文化的特质,积淀学科素养;要逐步提升他们的课程建设和实施能力,帮助他们吃透教材、按照课标用好教材,等等。

(2019年1月16日)

义务教育质量监测三则

教育质量监测与教育领域的其他工作一样,质量、效率、水平、层次的高与低,取决于有没有一支专业化、能担当、善作为的监测队伍。因此,加强教育质量监测队伍专业化建设,提高教育质量监测工作人员的业务能力,对于做好监测工作、监测结果的深度解读和后续改进等是十分必要的。

教育质量监测在我国教育发展进程中,是应运而生的新生事物。它是我国日益重视教育投入绩效检验、国民教育系统自我完善的产物。在义务教育阶段率先组织质量监测,这是义务教育不断提高质量的需要,也是法律赋予的职责。

2018年12月29日,第十三届全国人民代表大会常务委员会第七次会议修改通过的《中华人民共和国义务教育法》第八条规定:人民政府教育督导机构对义务教育工作执行法律法规情况、教育教学质量以及义务教育均衡发展状况等进行督导,督导报告向社会公布。

我是这样理解的,教育督导是对教育决策执行情况、执行效果(质量和效益)的监督,而质量监测是教育督导在义务教育微观领域的延伸性工作,也是教育督导的支撑性工具。质量监测是可以直接影响教育决策,促使教育政策完善,保障教育质量目标实现的。为此,无论是从持续保障义务教育质量提高的角度看,还是从依法治教、提高教育治理能力的角度看,都应该对质量监测有一个正确的、全面的认识,重视这项工作、用好这个工具。

一是努力建设一支专兼结合的监测队伍。在目前的机构、编制政策背景下,质量监测队伍建设的基本立足点只能是专兼职结合。而在实际工作中,各级教研部门分管领导及质量监测核心工作人员,事实上已经是专兼职结合的监测队伍的骨干力量,监测队伍的主要力量也就是这样的组成。不过,各地还可以在所属的义务教育学校明确一批教师,让他们加入进来。各级教科研部门共同作为,可能会比较好地解决监测要求高、难度大、任务重,而监测人员不成队伍、专职稀有、兼职不多的问题。当然,在建成了这样一支队伍的同时,还需要加强培训,加快提高每一位监测人员的监测素养和能力,加快义务教育质量监测队伍专业化建设。

二是充分分析挖掘监测数据的巨大价值。我们已经生活在一个大数据时代。自从人类进入信息时代,教育领域就一直有一面旗帜、一个目标在引领教育适应这个时代的要求,这就是教育信息化。尽管目前"乔布斯之问"的状况并没有改变,但是"世界的本质就是数据"。我们的一线老师、校长和各级教育管理者、教科研人员每天都在与数据打交道,在数据中发现事件(或事物)的真相、本质和规律。义务教育质量监测形成的海量数据是一座金矿,而且是一座"富矿",特点是:有的俯拾即是(露天矿)、有的必须深挖细淘。但是,我们缺"人"、缺"经费"、缺"技术",只能望"矿"兴叹。当下,我们还只是随手拾取了一些,至多是做了些浅层次的挖掘、分析,深层次的挖掘、系统化的连续性的分析是欠缺的,因此我们的"黄金产品"种类不多、品质不高、价值不大。不过,无论多么困难,还是应努力为之,外显监测数据的巨大价值,完善、影响、引领教育决策、学校教育、教师发展和学生学习。

三是充分发挥监测结果的正面导向作用。江苏省义务教育质量监测从 2006 年开始,一般每两年一次,是在义务教育两个学段各抽选一个年级、覆盖全部县级区域的独立监测。其中应约对所有市直义务教育学校、部分县级区域进行了义务教育全学段学生的学业水平测试。前七次监测及其结果运用情况表明,江苏各县级区域义务教育总体水平较高、大部分县级区域的义务教育质量和效益不断提升,监测发现的问题有力地引导了不少县级区域义务教育的改革发展。但与此同时,许多地方把检测结果作为学生学业水平、教师学科教学质量排名、甚至学校教育质量排名的依据,这是用错了地方、误导了学校、教师和学生,加剧了教师和学生负担重、考试教育等问题,这不是监测的初衷。通过监测结果分析,发现学校办学指导思想、学校服务教师、校长课程领导力和教师课程理解力执行力、教师教的方式和学生学的方式等方面存在的问题,并促使学校及时针对问题进行改进,实现义务教育事业整体发展水平不断提高是监测追求的目标所在。

(2019 年 4 月 9 日)

第三编
筑优素养跑道的课程建设

课程改革的价值目标

课程是教育理念、育人目标和教育内容的主要载体,是决定学校教育质量和水平的最基本要素,其目标指向是学生全面而个性的发展。

课程改革,从目标上讲,是为了廓清并解决"为什么而教"的问题;从基本路径上讲,是为了给予并提高学生的自主选择性;从一般方法上讲,是为了使学生的学习成为一个经验的过程。那么,针对考试教育引导下的、基本可以判断为已经陷入"泥淖"的课程建设和实施现状,遵循课程建设和实施的一般规律,综合国内外课程建设和实施的实践,是不是可以提出课程改革一以贯之的基本要求呢?我想,肯定是可以的。

一、课程应反映人类生存、生活和发展的需要

一般而言,课程是建立在人的发展需要、社会发展需要、知识学习的内在逻辑之上的。但是,在国家和地方课程、甚至校本课程的实施中,我们常常见到的是与其脱节、脱离、甚至背离的情况,而将这三者的逻辑顺序倒置的现象在我们的

学校更是司空见惯。有人说:"全世界先进的教育都已经换了赛场,我们还在旧的跑道上拼命""我们强调成绩,别人在强调能力;我们强调竞争,别人在培养合作;我们强调学科学习,别人强调人的价值;我们不肯改变,别人拥抱改变"。

人类个体或群体,首先是要解决生存问题,进而才有生活可言、才有追求生活质量的可能,并在此基础上伴随社会的发展进步同时获得自身的发展。我们的课程建设无疑应该反映这样的规律和要求,首先赋予学生生存、生活的基本知识、技能和正确的观念,进而赋予学生适应、促进、引领社会发展并同时获取自己终身幸福的能力。这样的课程建设和实施的实践,在儒家文化圈的有些国家、北欧国家早已极为普遍而且很成功。

二、教学应体现共生性、体验性和建构性要求

教学是课程实施的主要途径,也是课程建设成果的检验手段。长期以来,关于教学过程中教师主体、知识中心、学生中心等理论层面的争论从未消停过、实践层面的误区从未摆脱过。究其原因,不是形不成共识,而是在观念上容易形成共识、在实践上则屈服于相关各方的功利取向形成的压力,作为教育者的我们,无赖地埋藏了教育理想,打着"为了一切学生,为了学生一切,一切为了学生"的旗号,下足了"知识中心"的功夫。

以发展的观点看,无论在理论上还是在实践上,"教师主

体""学生中心"同等重要,在当今时代,作为两者之间联系和媒介的知识也所剩不多。在实施课程的教学过程中,教师与学生是共生共长的,无论确需教师教的知识,还是学生自己习得的知识,只有经过学生亲身的体验才能被真正理解、掌握、运用,才能逐步完成自我建构,外化为学识能力、内化成思维方式。这些需要我们形成共识,更需要我们埋头践行:教师主体作用、学生中心地位同时并重。

三、课堂应呈现自然性、社会性和文化性场景

课堂是教学实施的平台和载体,是实现课程目标的主阵地。目前,有关课堂的描述,如生本课堂、生态课堂、诗性课堂等,不一而足。但从中可以真切地看到广大一线老师孜孜不倦变革课堂教学的探索。这些探索,值得我们钦佩。这些探索的真实性、实效性,我们无意评论,但值得审视。

课堂是师生生命成长的特殊场所。在课堂里,在相应的规范面前,大多数学生会收敛起自然成长的需要,展现守"规矩"的一面。这种外在的约束,特别是超越学生身心自然成长特定阶段承受力的约束,阻滞了学生身心应有的健康成长;过早的压力承载,催生了不全面、不健康的身心状态,埋下了无法获取终身发展、终身幸福能力的祸根。因此,我们应该切记:人类首先是自然之物,身心的自然成长,就像其生存一样,是第一位的;无论创设什么样的课堂,必须适宜于学生身心自然生长的需要,使得课堂成为学生生命成长的原

野;同时辅之以切合学生已有理解力和身心承载力、增强其社会性的要求。而形成这种格局,最重要的是要有充盈于课堂之内、师生之间的课堂文化。文化是课堂的养分,没有文化的课堂将不是真正教育意义上的课堂,有文化的课堂应该是开放的、平等的、自由的、民主的、智慧的。

(2018 年 11 月 30 日)

筑优素养的跑道

大致自第八次课改以来,我国中小学教师对于课程这个概念的理解日渐加深、课程意识日益增强,学校和教师终于逐步走出言必称教材、教学大纲、教参、教辅的阶段,开始重视课程的价值、领会课程的精神,依据课程标准实施教育教学工作。其中不乏课程建设具有较高水平、较有特色的学校,而这些学校的发展水平和品质往往也较高。

课程是教育的本质、素养的跑道。课程对于每所学校、每位教师来说,无疑是教书育人的主要依凭。而国家课程和地方课程没有穷尽教书育人的内容和要求,甚而预留了空间,由学校组织教师自主开发相应课程。因此,我们通常所说的校本课程,既指学校自主开发的补充性课程,也指国家课程的校本化。但是,学校无论开发哪种课程,主要应以学生的需求和兴趣为导向。而学生的需求和兴趣是有差异的,据此开发的校本课程一般会烙上校本特色。可见,特色课程设计与实施客观上就是学校个性化的课程建设实践。

建设校本课程既是对每所学校的要求,也是目前学校的普遍做法,但存在一些普遍性问题。从区域看,由于课程意识、开发能力等的差异,校际课程建设成果及其水平很不平衡。从单个学校看，一是简单化，如简单理解和建设课程，把某一类资料加以汇编即视为课程；二是缺特色，如林林总总的校本教材、目不暇接的"课程超市"；三是游离态，如校本课程与学校培养目标、特色追求"不同频""不合辙"。

校本课程是与国家课程、地方课程相对应的。国家课程是普适性的，很难考虑到区域、学校、学生间的差异，满足多样化的需要。但是，区域、校际的差异明显存在，尤其是学生受其家庭环境、文化背景、民族习惯、政治信仰等多因素影响，学生及其家庭在教育资源选择、培养目标、发展期待等方面需求不同。多样化的需求要有多样化的课程加以满足，国家课程校本化、丰富校本课程是必然要求。因此，建设校本课程并不断提高水平是每一所学校的责任和使命。

就区域而言，应通过多种途径，增强校长的课程领导力、教师的课程意识和开发能力；建立有力有效机制，促使每所学校都重视课程建设，既不折不扣地实施国家课程，又适应本地经济社会发展要求、本校学生的兴趣和需求设计实施相应课程。就学校而言，应努力探索和实践国家课程的校本化，实现国家课程在学校文化基础上的重构，既鼓励、支持教师通过选择、改编、整合、补充、拓展等途径，对国家课程以及地方课程进行再加工、再创造，使之更符合学生、学校的特点和需要；又基于本校文化建设校本课程，使得引领课程建设的价值目标与学校文化发展同轨合辙，成为学校文化发展的引擎，催生具有校本特色的课程的形成。

(2019年8月6日)

适合的教育与课程的变革

把"指向适合教育的学校课程变革"作为科研基地学校综合活动的主题,引导基地学校加强"适合教育"的实践和研究,探索落实"适合教育"要求的学校课程建设之有效途径,意义非凡。

毫无疑问,在整个教育系统,围绕"适合的教育",人们将无不从自己的视角试图思考、研究和实践,但是,归根结底是要落实到学校层面,通过变革课程向学生提供适合的教育。而在当下由考试教育引导的、基本可以判断为已经陷入"泥淖"的课程建设和实施的现状面前,课程变革并非易事。不过,我们还得勉力为之。

学校能否提供"适合的教育",取决于学校的课程设置。适合的教育呼唤学校课程变革,适合的教育是学校课程变革的归宿。指向适合教育的学校课程变革,我认为有以下三个方面需要把握。

一是"适合的教育"适合谁。"适合的教育"是新时代教育的新追求,也是基本形态,它不是新的理念和思想,而是"以人为本"思想观照教育的结果,是因材施教的另一种表述,是素质教育在新时代的新的表现形式、新的切入点,是解决教育面临问题的共识度比较高的技术路线和思路。

那么,"适合的教育"是适合"谁"的教育?站在国家的立场上,是适合国家;站在区域立场上,是适合本地区;站在社会立场上,是适合社会;站在学校立场上,是适合学校;站在家庭的立场上,是适合家庭。但是,我们理解的"适合的教育"的终点是适合学生的教育。适合学生,才是教育的本质。只有适合学生的教育,才是真正适合家庭、学校、社会、区域、国家的教育。

二是学校课程变革的内涵和要求。学校课程变革主要是指学校在依据国家课程标准实施教育教学的过程中,结合本校的价值目标、特殊性和基础条件,为满足学生发展需要,以教师为主体的课程调整活动,包括:校本的课程纲要拟订、结构化的课程设计、课程资源选择和组织、课程实施与改进、课程评价等一系列课程行为。学校课程变革的目的是丰富课程形式,扩大课程资源及其共享范围,使得课程内容更贴近学生日常生活、学生需要,实施多元化课程评价,引导学生良性发展。

学校课程变革的要求很明确。学校课程要有:校本的教育哲学、人才培养目标,体系化的课程设计,丰富和优化的课程资源,高效的适宜学生发展的课程实施方式,能够激发学生良性发展的课程评价体系,动态的课程更新措施等。这些要求客观上就成了衡量学校课程变革是真变革,还是"为变革而变革",甚至是假变革的标准和尺度。

三是指向适合教育的学校课程变革路径。指向适合教育的学校课程变革,具有一般意义上的课程变革的内涵和要求,同时还具有一定的特殊性。而其特殊性实质上是教育本真的一种回归,是对于当下学校教育由于考试指挥棒引领产生的一系列"新、奇、特"现象的"反动"。因此,指向适合教育的学校课程变革的路径同样是一种"回归",而不是所谓的创新。

指向适合教育的学校课程变革的基本路径是:在课程内容上,应反映人类生存、生活和发展的需要;在教学实施上,应落实共生性、体验性和建构性要求;在课堂情景上,应创设自然的、社会的和文化的场景。

(2018年12月17日)

学校课程建设的依循

这次全省初中科研基地学校研讨活动的主题为"互动共生——基于课程标准的课程建设"。这是我们都应该熟悉，也都有一定实践和研究的主题。有的学校可能已经实践得比较充分并取得了积极成效。因此，基于各学校的思考或实践基础上的研讨、交流，必定有利于每所学校实践和研究的深化。而正确地理解、把握主题的内涵及其本质规定性，对于增强实践的科学性，是十分重要而又必要的。

一是全面把握课程建设的基本要求。说到课程，总是有一句话不得不说，这就是课程是教育的本质、素养的跑道。为此，任何一个国家都十分重视课程建设。课程建设是有标准的，即课程标准。课程标准是学校课程建设的依据。学校的课程建设需要有系统的思维、顶层的设计、整体的规划、科学的实施方案。所有这些工作都要依据课程标准进行，而不能随心所欲。

学校课程建设依据的标准应是国家课程标准。国家课程标准是国家的意志。因此，课程建设是十分严肃的任务。无论是国家课程、地方课程校本化，还是完全意义上的校本课程建设，都必须按照国家课程标准进行。也因此，开展校本课程建设需要全面把握国家课程标准的基本要求。要重点学习和掌握课程性质、基本理念、设计思路、课程目标、课程结构和内容、实施建议和教学方式、教学评价和学生评价的方法，要研究课标提供的课例，等等。

需要明确的是，无论是完全意义上的校本课程建设，还是国家和地方课程校本化，要聚焦学生发展、形成课程结构、构建课程体系。

二是努力规避课程建设的现存问题。我们通常所见的课程建设上的诸多问题，第一，是对课程标准的学习、研读不够造成的。我们的不少老师，甚至校长，承担着体现国家意志、培养德智体美劳全面发展的中国特色社会主义建设者和接班人的使命与责任而不自知，对于自己职业的价值是"等闲不识东风面"，极易产生职业倦怠。第二，是因缺乏学习而缺乏课程意识，满足于一本教材"伴终身"，年长日久，就成了"教书匠"，而不是教育者、教育家。第三，轻视课程建设的科学性要求，以个人所好或自以为对所教学科驾驭水平高，随意开发，结果往往开发出的不是课程，而是学科知识的堆砌物、"百纳箱"。第四，由于课程意识弱、缺乏对课标的研究把握，没有掌握课程编制的规范，编制的课程杂乱，难成体系。第五，忽视课程建设的根本目的是为了筑就养成学生素养的跑道，缺乏教学的另一个主体学生的参与，课程开发成为教师的"独角戏"，由于这种源头上的"教师主体"思想的指引，也就难以在教学中、课堂里看到师生"共生共长"的景象。

以上种种问题，无疑是我们在课程建设中需要规避的。

否则就难以有真正意义上的课程建设及其相应成效的取得。

三是自觉遵循课程建设的科学路径。课程建设是学校教学基本建设的重要内容之一。课程建设涉及教育思想、教育理念、教学过程、教学方法和手段、师资队伍、教学管理制度建设、教学条件等多方面的内容。课程建设直接体现学校的教学水平,并将直接影响人才培养质量。因此,我们需要遵循课程建设的科学路径,方能取得课程建设的预期成效。

首先,应解读国家课程标准。应组织老师深入学习研究国家课程标准,明确其中的"刚性"要求、发现其中的"留白"(空间)之处、可加强(丰富)之处、可拓宽和延展的地方。这也是校本课程建设的基础工作。

其次,课程建设还有自身的一般路径要遵循,应进行系统的整体的思考。如前所述,课程建设涉及教师队伍、教学内容、教学方法和手段、教材、教学管理等教学基本建设工作的诸多方面,是一项整体性、系统性很强的工作。应组织课程的规划设计。确定设置什么课程、课程如何排序、课程标准等,也就是要建立课程规划模式。应规定课程的实施过程,也就是要建立一个完整科学的、有利于实现培养目标的教学模式。应组织课程资源的开放性开发,等等。

(2018年12月27日)

普通高中新课标落实的要点

今年初"普通高中课程方案和课程标准"正式颁布。这是我国基础教育改革发展的标志性事件,标志着我国基础教育课程改革正式进入了一个新的阶段。新阶段必然有新目标、新任务、新要求,而这些都在教育部颁发的《普通高中课程方案和语文等学科课程标准(2017年版)》中得到了充分反映。目前最紧要的工作是,通过培训等途径,让教育管理者、校长和教师了解新一轮普通高中课程改革的背景、意义、思路和要求,领会新课程方案和各学科新课程标准的核心内容与精神,研讨区域推进和学校实施的策略,提高课程理解、规划、实施的能力和水平,增强各学科教育教学的实效性。

一是新课程改革的意义。普通高中教育是在义务教育基础上进一步提高国民素质、面向大众的基础教育,既是为升学做准备,也是为学生适应社会生活和职业发展做准备,还是为学生终身发展奠定基础的教育。高中阶段是学生个性形成、自主发展的关键时期,对提高国民素质、培养担当民族复兴大任的时代新人具有特殊意义。

普通高中课程是实现高中阶段育人目标的重要载体,体现着国家意志,在落实立德树人根本任务中发挥着关键作用。修订并实施新课程,强化学科育人功能,是促进人才培养模式转变,着力发展学生核心素养的需要。

二是新课标的新要求。新课标在文本结构、内容及其实施要求等方面进行了改进和完善。在文本结构上,主要新增了学科核心素养和学业质量要求两个部分,内容更全面,结构也更加完整,努力使标准从整体上有较大提升。在课标内容方面,努力凸显思想性、时代性和整体性等要求。各学科课标进一步强化了社会主义核心价值观教育,中华优秀传统文化、革命文化和社会主义先进文化教育等内容;充分反映了马克思主义中国化最新成果以及经济社会发展、科技进步新成就;更加关注学科内在联系及学科间的相互配合,旨在克服碎片化及彼此间的脱节等现象。

普通高中新课程标准从实施需求出发,强化了指导性、可操作性。提出了对教材编写、教学实施、考试评价的具体指导意见。大部分学科增加了教学和评价案例、命题建议等,便于准确理解和把握课标要义,确保课标能够落地,有效发挥统领作用。

三是新课程的实施。今年初以来,教育部通过媒体宣传、直接组织培训等形式和途径,对各级学习、落实新课程方案精神、新课标内容以及实施工作都提出了具体的要求。教育部在8月24日还专门印发了《关于做好普通高中新课程新教材实施工作的指导意见》,进一步明确了实施新课程、落实新课标的具体要求。江苏组织的高中各科新课标培训,就是落实的具体行动。为保证这一行动后续的各项工作卓有成效,这样三方面要求需要切实落实。

1. 把握学科本质

各学科老师应不断加强专业理解、加强学科本质把握,才能认识学科、理解学科、教好学科。应充分认识到,学科知识的功能价值只有在学科能力活动中转化为学生自觉主动的合理的认识方式才能彰显。比如,化学学科应选取大概念、知识结构化和功能化,这是知识转化为素养的关键;把化学学科观念的落实作为课堂教学的核心指向,是立足学科本质和学科理解的教学所需要的。

2. 强化育人意识

在以往的学科教学中,我们不是关注学科太多了,而是关注学科太少了,关注学科知识背后的育人价值太少了,关注学生从学科学习中体会学科文化并接受其浸润太少了。因此,各学科课程的实施、教师的学科研修应更多地指向学科内涵、指向育人要求、指向立德树人,赋予学生发展所需的核心素养。

3. 重视课堂教学

高中各学科新课标明确提出了本学科的学科核心素养指标,都是从学科本质出发、反映学科特点基础上的学科价值、学科功能的高度凝练。要认识到这些核心素养本身的价值,还要认识到它们之间的内在关联。仍以化学为例,科学探究与创新意识是化学核心素养的实践基础;证据推理与模型认知是化学核心素养的思维核心;宏观微观结合与变化平衡是化学核心素养的学科特征;科学态度与社会责任是化学核心素养的价值立场。而更重要的是要在课堂教学中探求这些核心素养落地的路径和环节、方式方法和手段。

普通高中课程新方案、新课标的颁布,为新时代普通高中教育育人目标的实现提供了蓝图、铺设了轨道,但其中各项任务的完成、各项要求的落实,还需要每个学科老师主动积极实践,创造积累经验。只有这样,高中学生核心素养发展方能可期可待。

(2018年10月24日)

普通高中课程基地建设 ABC

课程是教育的本质。以课程建设为抓手,深化教育教学改革,实现更加公平更有质量目标,是基础教育现代化的必由之路。据此,我们可以认为,江苏从"十二五"以来在基础教育阶段推进的课程基地建设,势将成为江苏基础教育积累新优势、实现现代化的有力举措。而建设普通高中课程基地既是其中的最先一着,也是重要一着。

江苏启动建设普通高中课程基地已有 9 个年头。站在这个时间点上,为不忘初心,也为持续推进课程基地建设实践深入,似乎仍然需要回答好一些基本问题。比如,高中课程基地是什么?为什么要建?建设目标是什么?建成什么样?怎么建?建成后如何运行?

一、高中课程基地是什么

高中课程基地,首先是基地。词源意义上的基地是指开展某种活动的基础性场所,是某种活动的集中性支撑点,犹如某种活动的家园。在以某一学科为主体并服务于该学科建立起来的基地,其显著特征是实施学科教育教学的一个阵地所在,它可以是传统的教室、实验室,也可以是其他样态。

其次是课程的基地,即实施某学科课程的基地。这里的课程应是指围绕特定学科实施的有目的、有计划的教育活动。就是要在基地上按照特定学科的课程标准组织教育教学活动,以实现在非基地场所实施难以实现的学科教育目的。

再次是普通高中学校的课程基地。就我国现行学制看,普通高中是基础教育阶段最高的、兼有向高一级学校输送人才和向社会输送高素质劳动者苗子的学段,它的首要任务是完成好国家规定的普通高中教育的基本任务。依托普通高中学校有条件的学科建立课程基地,显然应该是为该学科完成国家规定的基本教育任务提供更为丰富而优质的资源,并期待这个学科在国家规定的基本教育任务完成上更为出色、更有质量,成为其他学科的示范。因此,一般意义上的理解是,普通高中课程基地是为完成好学科教育任务而设立的具有更丰富更优质资源的所在地。

二、建设课程基地为什么

于 2011 年开始启动的普通高中课程基地建设工作,是江苏基础教育现代化建设进程中的标志性事件,是促使江苏基础教育课程改革进一步深化的需要。

推进课程基地建设,总体上看,是为完成第八次课改未竟的事业,进一步提高校长课程领导力、教师课程理解力和执行力,进一步提高课程建设和实施水平,真正落实立德树人根本任务,培养具有创新精神、实践能力和社会责任感的中国特色社会主义现代化建设者和接班人的需要。具体而言,是赋予部分学校有条件的学科更多更好的资源,实施好学科课程标准、完成好学科教育任务,为其他学科执行国家课程标准、完成学科教育任务树立示范和典型。

三、课程基地建设目标是什么

2011年江苏省教育厅印发的有关文件中只是明确了课程基地建设的具体目的,并没有指出课程基地建设的目标。基于国家课程标准对于学科教育的要求,课程基地建设目标至少应包括这样几个方面。

1. 建立新的教学方式

课程基地学科的教师真正成了导师,教得轻松、又有自主发展的时间和空间,而学生在相应学科也学得自如。自如是自主的发展和更高境界,学得自如才能考得自信,才能有学生整体的学业水平提高。

2. 构建校本课程体系

学校应有把基地相应学科的国家课程、地方课程校本化的勇气和作为,构建具有本校特色的校本化课程体系,并以此发展成本校人才培养的特色、铸就学校的品质。

3. 建设学科课程文化

无论是基地物化环境的创设与营造、保障基地最大限度地发挥作用的体制机制建设,还是基地学科特有精神价值的提炼、外化,无不是学校文化建设之举,应该着意为之。

4. 创新人才培养模式

在上述目标基本实现的基础上,基地建设要有开放的视野和胸襟,上挂国内外高校和科研院所,横联企业和社区,广纳高品质资源,创设适宜育人模式,涵育英才苗子。

四、课程基地建成什么样

高中课程基地建成什么样,在江苏省教育厅印发的有关文件中已有明确要求。鉴于建设课程基地是课程改革深化的产物,在有利于进一步提高课程实施水平的前提下,课程基地应呈现多种样态。

1. 课程要素统整的样板

课程基地应敢于善于"吃螃蟹",实践课标、教材等要点、难点与基地要素的统整,实现本课程、引领本校其他课程建设和实施水平进一步提高的目的,为普通高中学校同类型课程建设和实施提供示范。

2. 核心素养落地先行者

核心素养应通过课标和教材修订与实施、教师培训、课堂教学、考试与评价方式等一系列工作的整体努力才能真正落地。从这个角度看,课程基地建设应该成为落实核心素养的先行者。

3. 学生兴趣生发之渊薮

课程基地应是学生兴趣的生发之地、延续之所,是学生自然地克服学习心理障碍、进入自如学习境界的地方。课程基地应是学生忍不住动手、创意被激发、创造性萌动之地,学生一旦进入就可能流连忘返。

4. 课程文化建设的高地

基地应是课程文化的氤氲之地、学科精神旗帜的高扬之所,而不应是单纯的学科发展史馆、学科设施设备陈列馆或展览馆。课程基地可以是学科实验室,但不应仅仅是空间变大了的、多了些设施设备的学科实验室。

5. 学生学业水平的高峰

学科教育质量的高地,就是基地学科学生整体的学业水平长期保持在较高水平,同时造就了一批兴趣得到发展并成为特长生的学生,这些学生是本基地创新人才培养的成果与标志。

五、课程基地怎么建设

怎么建设课程基地,在江苏省教育厅印发的文件中指引的路径比较清晰,但似乎有这样几点还需强调。

1. 科学规划,有效实施

应确立整体规划、分步实施的建设原则。规划的品质要高、立意要远,实施要精细。在实施过程中,不仅相应学科的教师应直接参加,还应动员其他学科的教师参与,让基地建设工作真正成为学校行为、全体教师的事。

2. 营造氛围,争取支持

课程基地建设单凭学校的努力难以达成相应目标。作为建设主体的学校,应宣传基地建设的目的和目标,在校内,让各学科老师了解、认同、关心、支持基地建设;在校外,应正确导向政府及其主管部门、社会(高校、科研院所、企业、社区、团体和民间组织等)和家长,争取各方各种形式的持续支持。

3. 明确类别,分类建设

课程基地总体上可以分为学科类、非学科类两大类。如果按课程性质可分为理工类、人文类,如果按设置场所则有校内和校外之分。无论哪一种类别的课程基地,都应依据其本质规定性进行建设。非学科类课程基地大多是基于校本课程建设的,在实施的时间和空间上有些特殊,应按照校本课程的特点与规律建设和实施。

六、课程基地如何运行

建设课程基地的目的在于更好地完成课程标准规定的教育任务。因此,从课程基地建设伊始就应对运行进行设计。

1. 体制要新,机制要活

课程基地建设应允许学校一个主体,也可以是多个主体。如果是多主体共同建设,或者是建在校外的基地,那么建立相应的管理体制以及运行机制尤为重要,这是保障基地运行顺畅高效可持续的需要。

2. 开门建设,服务社会

学校是社会的,集社会资源建成的基地,理应面向社会,成为整个社区文化资源的一部分,这与课程的开放性是一致的。因此,开放式建基地,开放建成的基地,使之成为其他学段教育、社区教育等的高品质的资源所在,以赢得基地建设和发展需要的更多更好的资源。

3. 引进资源,校本改造

课程基地建设的首要任务是资源建设。当下,许多课程研究和实践成果都可以借鉴、学习,甚至引进,比如,STS、AP 课程,以及风靡全球的 STEM 课程,等等。引进的课程,应做本土化、校本化改造。因为课程是国家的意志、价值观的载体,特别是人文类课程,在积极引进的同时进行本土化、校本化改造是必须坚持的原则。

(2019 年 8 月 7 日)

课程基地的教学文化

在遴选省级普通高中学科课程基地基础上,促使同类型课程基地结成联盟,并有计划地开展以深入推进课程基地建设为重点的研讨、展示活动,目的应该非常明确,就是:通过课程基地建设的持续推进,转变课程育人模式,深化课程与教学改革,促进基地建设与教学改革的进一步融合,培育学生学科核心素养与关键能力,全面落实立德树人根本任务。

作为教育本质、素养跑道的课程,建设好是前提,实施好是关键。课堂是实施课程的主阵地、主渠道。在课堂上,教师的教学行为决定了课堂能否形成良好生态、直接影响课堂教学目的的达成。因此,高中外语学科围绕"聚焦课堂,课程基地建设中教师教学行为文化"这个主题进行研讨交流,既是深入推进外语类课程基地建设的需要,也是深化外语课堂教学变革的必然。而对于主题至少应有三方面的把握。

一是课程基地与学科文化。开始于2011年的全省普通高中课程基地建设,是在第八次课程改革即将完成阶段性任务的情况下组织推进的。这是江苏普通高中课程改革走向深化的标志。在全省普通高中学校中遴选有基础有条件的学科,提供一定支持,促使这些学科成为落实国家课程标准的示范学科,带动本校其他学科、引领面上学校相应学科乃至所有学科不折不扣地执行、落实国家课程标准,不断提高学科教学质量,实现普通高中教育目标。

课程基地建设目标的达成,显然需要基地学科教学的变革与创新,而基地学科的教学变革与创新有赖于学科文化的支撑。因此,课程基地只有重视有利于学科教学变革与创新的文化建设,才可能成为真正意义上的课程基地。

课程基地既要重视服务于学科育人的环境与设施设备(即物质文化)的布设,还要重视保障促进基地有效运转、真正发挥作用的体制机制(即制度文化)建设,更要重视学科独特的理念、思想、价值内涵(即精神文化)的凝练,让老师和学生沉浸于学科文化,既自觉地规约言行,又产生体验的冲动、创新的灵感。

二是课堂与教师教学行为。课堂是学科教学的主要场所,是教师教学行为展示的主要舞台。教师教学行为有显性和隐性之分。教学语言、教学组织、示范操作、表情姿势等是显性的教学行为。显性教学行为既有习惯因素,也有教学机智的体现。显性教学行为于同一时空下交替互动、服务于教学目的。情感、意志、道德、价值观、潜在能力和个性等是隐性的教学行为。隐性教学行为是教师的个性化意识,相对稳定,并深刻而持久地规约着显性教学行为。在课堂上,教师的显性和隐性教学行为同时影响、感染、熏陶学生,促使学生掌握由这些行为共同作用后输出的知识、内化这些行为传递的价值观等。

因此，教师教学行为实质是一种独特的文化行为。而无论教师教学行为的显性或隐性方面，无不是教师个体成长的家庭、所处的社会、接受的教育等因素相互作用形成的，是教师个体的经历和阅历、学识和德行的积淀与外化，而这些都无不主要地通过课堂潜移默化地影响、改变着学生。

教师教学行为的文化特性，决定了教师与学生、与课堂时空和环境等共同构成的课堂的独特性。课堂是文化的载体，因此课堂教学是一种文化现象。教师在日常课堂中的一言一行、一招一式，日复一日、年复一年，看似平淡无奇，实质是一种文化活动——担当着传承发扬光大和创新文化、培育人才的崇高使命。

三是外语课堂教学与教师教学行为文化。课程基地相应学科的课堂教学，无疑应该有别于其他非课程基地学科的课堂教学。而这种"有别于"，是由客观上赋予基地学科的责任和使命使然。作为外语课程基地学校的外语课堂教学也不例外。外语课堂教学，既有一般学科课堂教学的规定性，又有自己的个性特点。也正是外语课堂教学的个性，确立了外语学科的地位和作用，规定了外语教师的教学行为。

课堂教学是传承人类文化的基本形式。一般学科的课堂教学如此，外语学科的课堂教学也是如此。不过，外语课堂教学所要求的教师教学行为在客观上超出了一般学科对老师的要求，这就是在隐性和显性教学行为中所反映的对于其他民族、国家文化的理解、认同、包容和悦纳。当然，在改革开放40年后的今天、在开放程度和水平将进一步提高的明天,对其他学科老师会有同样的要求。但是,对于外语老师的要求则更高。

高中外语新课程标准提出,要树立中国情怀、国际视野、跨文化沟通能力的育人取向和文化自信。为此,外语教师要树立跨文化意识和人类命运共同体意识,领悟世界文化的多样性和丰富性以及民心相通、文明互鉴的重要性,并将这种认知自觉地转化为教学行为自觉,引导学生学会用外语讲述中国故事、传播中外优秀文化、参与跨文化交流与合作,使他们成长为具有中国情怀、国际视野和跨文化交流沟通能力的社会主义建设者和接班人。

(2018年11月17日)

幼儿园课程建设要件

幼儿园践行"以幼儿发展为本"的教育理念，探讨提高幼儿园课程适宜性和科学性的策略与方法，提升教师设计和实施课程的能力，是实现幼儿园保教质量目标的重要而有效的手段。在这方面，扬州市围绕"幼儿园生成课程的实施与审议"课题的研究、实践及其取得的成效，为我们提供了有力的佐证。其中扬州市机关第三幼儿园的研究和实践则堪为缩影。

扬州市机关第三幼儿园在十几年前就开始了"生态环境教育"的园本课程建设，并成为省级"幼儿园多元化课程构建"的特色课程之一，该园也是扬州市教科研样本校。近些年，在"幼儿园生成课程的实施与审议"课题研究和实践中形成了很有价值的做法和经验，值得其他幼儿园学习与借鉴。而在幼儿园推进课程研究和实践，我认为，需要注意这样几个问题。

一是深化课程价值认识。学前教育需不需要课程，是长期以来一个存在争议的问题。在学前教育的意义和价值日益被认识，学前教育事业得到各级政府和全社会空前重视并获得迅速发展的情况下，作为教育事业的一个最为基础的学段,客观上就有质量和效益的要求。因此,适合、促进幼儿身心成长的课程是提高学前教育质量和效益的充分必要条件。课程是素养的跑道。学前教育质量和效益的提高及其核心目标——幼儿身心发展和相应素养的养成,离开课程——科学设置的幼儿身心发展"轨道",是不可能实现的。

二是明确课程建设依据。《3—6岁儿童学习和发展指南》(以下简称《指南》),是建设幼儿园课程的依据。《指南》从健康、语言、社会、科学、艺术五个领域描述了幼儿的学习与发展。每个领域按照幼儿学习与发展最基本、最重要的内容划分为若干方面。每个方面由学习与发展目标和教育建议两部分组成。目标部分分别对3—4岁、4—5岁、5—6岁三个年龄段末期幼儿应该知道什么、能做什么,大致可以达到什么发展水平提出了合理期望,指明了幼儿学习与发展的具体方向。教育建议部分列举了一些能够有效帮助和促进幼儿学习与发展的教育途径与方法。这些正是建设幼儿园课程的基本依凭。

三是科学选择课程内容。幼儿园课程内容必须是适宜幼儿身心发展要求的,比如适合幼儿的游戏课程化、生活能力与认知水平发展要求的课程化,等等。这些都在《指南》中有明确的要求。同时,社会对于幼儿教育的要求日益提高,比如要求进入幼儿园的各种各样的"教育"、幼儿园自身的特色,也应要转化为与幼儿身心发展水平相适应的内容和形式,即课程化,并课程化实施。

四是强化课程审议与实施。幼儿园课程建设不是为建设而建设,不是为了"贴金"、做点缀,根本目的在于实施,通过实施转化为幼儿的身心发展和素养、实现老师的专业成长,提高学前教育的质量和效益。而要实施课程并产生预期的成效,就必须确保幼儿园课程及其实施的科学性、可行性,为此,就需要对课程及其实施进行科学性、可行性审议。审议幼儿园课程的形式多种多样,主体是老师,也是老师专业成长的重要和有效的途径,但是,对于老师的要求很高,需要老师们不断学习、拓展视野,积极反思、及时总结,才能逐步胜任。教科研机构应加强指导,适度邀请社会人士参与课程审议。

(2019年5月15日)

课程游戏化建设要领

为了奠定课程游戏化建设的认识基础、理论基础、人才基础,江苏省每年都组织课程游戏化建设项目园培训工作,促使项目园明确要求、把握要领,科学推进本园的课程游戏化建设。

一是充分认识课程游戏化建设的价值。2010年以来,江苏学前教育进入快速发展的新阶段,初步建立了"广覆盖、保基本、有质量"的学前教育公共服务体系。但同时面临事业发展满足不了需求、特别是优质幼教资源不足等问题。而就是在这样的情况下,在广大幼儿园,以低成本、易组织的游戏为基本活动、保教结合、寓教于乐的要求未能得到有效落实,小学化倾向愈演愈烈。因此,作为学前教育内涵丰富和质量提升重要途径的课程游戏化建设,无疑是对小学化问题的矫枉过正。

当然,课程游戏化还是学前教育课程建设的基本任务之一。人类是自然之物,游戏是幼儿的天性,是幼儿生活的一部分,是幼儿身心成长的需要。课程游戏化建设是顺势而为的教育实践,是珍视游戏和生活的独特价值,最大限度地支持和满足幼儿通过直接感知、实际操作和亲身体验获取经验、获得发展的需要。

课程游戏化建设是提高幼儿园保教质量的重要途径和必要条件。游戏是幼儿教育的基本活动,是促进幼儿全面发展的重要形式。课程游戏化建设和实施目的是引导幼儿园树立正确的儿童观、游戏观和课程观,推进幼儿园课程实施符合幼儿身心发展规律和学前教育规律,促进幼儿健康快乐成长。

二是积极开展课程游戏化建设的实践。课程游戏化建设的初衷是:通过项目园课程游戏化建设的先行实践,找到幼儿园保教工作内涵丰富和质量提升的有效路径,为面上幼儿园提供示范,促进江苏学前教育整体水平的提高。因此,项目园应有计划、有步骤地、高质量地开展课程游戏化建设工作。

项目园应组织老师认真研读《幼儿园教育指导纲要》《3—6岁儿童学习与发展指南》《江苏省人民政府关于加快学前教育改革发展的意见》《江苏省教育厅关于开展幼儿园课程游戏化建设的通知》等文件,明确目标任务和具体要求,完善并认真实施本园的课程游戏化建设方案,确保课程游戏化建设不走弯路、卓有成效。

三是不断深化课程游戏化建设的研究。推进课程游戏化建设,是学前教育兴利除弊的迫切需要,是遵循学前教育规律的具体体现。因此,课程游戏化建设不能停留在一般的操作层面上,而是应将总结、反思、进行规律性把握贯穿于建设的全过程。项目园的园长、老师们以及教研员,应把课程游戏化建设作为教科研内容,持之以恒地加以研究,不断提高课程游戏化建设和实施成效。

项目园应依据《江苏省幼儿园课程游戏化实施要求(试行)》提出的五个方面的项目实施要求,从本园实际出发,全面领会、准确把握每个方面要求的具体内涵,在学习和实践中探索适合本园实际的项目实施途径和策略;转变观念,切实以儿童为本建设园本课程,不断提高课程游戏化水平。

教研员应贯彻《江苏省教育厅关于加强学前教育教研工作的意见》精神,依托相关方面的专家力量,结合本地项目园的实际,落实《2017—2018学年江苏省学前教育教研工作重点》的要求,给予项目园过程性的科学的指导,组织课程游戏化建设专题研究,确保项目实施质量;亲自上几节游戏课,提供示范引领,促进项目园、带动非项目园的课程游戏化建设。

(2018年11月12日)

第四编
教师发展的目标和任务

像教育家般言行

2009年,江苏省启动实施人民教育家培养工程,伴随第一、第二期分别于2015年和2017年结业,第三期即将要接受现场考察与结业答辩,第四期已在期中(第三年)等工作的总结、时间的推移,有关教育家培养对象后续的继续提升、作用发挥工作,江苏已有很好的设计。比如,省级教科研机构在省教育科学规划课题中专门设置了培养对象专项、聘请培养对象担任全省基础教育群众性教科研指导专家等;江苏省教育厅已经开始实施"省级名师工作室""四有好老师团队""江苏教育名家培养工程"三个基础教育阶段高层次领军人才培养的新的引领性项目。不过,无论是人民教育家培养工程、还是正在实施的新的类似项目,基本目的是引领基础教育一线的名师、名校长们像教育家那样思想和言行,逐步实现教育家办学的目标,实现基础教育回归"基础"。

一是像教育家那样思考。教育家要有思想,思想是思考的结晶。如何思考?无须把像教育家那样思考神秘化,我以为的教育家那样的思考,就是有情怀的、基于自我又超越自我、基于教育又超越教育的思考。思考什么?要思考教育是什么?教育对于国家、民族、社会、家庭、学生的意义?教育对于学校、对于校长、对于老师、对于各科教学的要求？在特定社会发展阶段如何处理好严守教育规律与"包容"反规律行为的关系？

二是像教育家那样言语。语言是文化的载体。教育家的日常言语，应该是有文化的。文化是什么？有人说，是植根于内心的修养、无须提醒的自觉、以约束为前提的自由、为别人着想的善良和换位思考。也有人说，文化是一条缓缓流过我们生活、悄然融入我们生命、无怨无悔地滋养我们灵魂的河；它流经的地方，会长出迷人的浅滩、茂盛的野草、浮动的暗香、啾啾的鸟鸣和人类的歌唱。教育家的言语，应该是这样的"文化之河"。教育家的言语，无须故作高深，而应平实浅近；无须佶屈聱牙，而应通俗易懂；无须振聋发聩，而应润物无声。

三是像教育家那样实践。理论是实践的先导，实践是检验理论正确与否、价值大小的试金石。从这个意义上讲，教育家应善于思考，更应勇于实践。"理论总是灰色的，实践之金树长青"。教育家的实践既应是系统的理论指导下的系统的实践，又应是能够完善和充实理论、提升理论品质、创造新理论的实践。教育家的实践应该是与自己的思考、言语高度一致，是思考的外化、言语的物化。教育家的实践应该赋予每个学生终身发展和幸福的能力，特别应该成为"放牛班"的春天！

四是像教育家那样自信。前述"处理好严守教育规律与'包容'反规律行为关系"，是任何一个时代教育家们都遇到并不得不着力处理的问题。这个问题处理得好与不好,也是教育家与非教育家的"分水岭"。任何一个时代都有认为教育最为重要、遵循规律实施教育的教育者,他们也无不同时深受到当时时代局限性造成的压力、理想与现实相距很远甚至背离的痛苦;但是他们很自信,他们在那个时代的教育理想与局部实践由于反映了教育规律、符合那个时代和社会发展的方向,因此,他们的某些教育思想、局部的教育实践,后世"以为是",并引以为楷模、纷纷效仿,人们也往往称之为"教育家"。可见,只要我们自己的教育思想,是符合时代要求、社会发展的,就应该义无反顾、心无旁骛地、自信地思考、言语和实践。而这应该是教育家的特质!

　　一线的名师、名校长成为教育家的过程,就是一个立德、立言、立信、立人的过程。如果我们的名师、名校长无论在何时、在何地都像教育家那样思想和言行,那么教育家辈出的盛况便即将出现。

(2019年7月12日)

教育家型教师的成长之道

第五届江苏人民教育家培养对象影响力论坛的主题:"教育家型教师的坚守与创新",既有深刻的时代特征,又有重大的现实意义。

一、新时代教育改革发展,需要教育家型教师先行

去年1月20日,中共中央国务院颁发的《关于全面深化新时代教师队伍建设改革的意见》明确提出:"到2035年,教师综合素质、专业化水平和创新能力大幅提升,培养造就数以百万计的骨干教师、数以十万计的卓越教师、数以万计的教育家型教师。""要支持教师和校长大胆探索,创新教育思想、教育模式、教育方法、形成教学特色和办学风格,营造教育家脱颖而出的制度环境。"

纵观世界教育史,每一次深刻的教育变革都离不开教育家型教师的引领和推动。江苏历史上一直文教昌盛、名师荟萃,涌现出陶行知、陈鹤琴、吴贻芳、斯霞等一大批教育家。改革开放以来,在科教兴省和人才强省战略指引下,全省各地采取切实有效措施,培养和造就了一大批名教师、名校长

与教育名家。

教育家型教师的辈出以及他们对于教育本质和规律的坚守、对于教育教学方式方法和手段的创新,是新时代教育改革发展的热切呼唤。

二、教育家型教师的内涵特征,需要我们共同丰富

美国知名教育学家古德莱德的研究表明,教师更愿意去观察其他教师是怎样推行变革的。而英国学者尼亚思则认为,大多数教师想更多地和其他教师合作开展变革活动。可见,榜样型教师的示范引领在变革中的重要性。

目前,关于具有一定实践和研究能力以及取得显著成绩的教师的称号不少,比如,专家型教师、智慧型教师、研究型教师、创新型教师等。每一种教师称谓背后都体现了在教育改革进程中,如何构建教师的专业身份、提升教师的综合素养等问题。"教育家型教师"作为一种具有时代特征的崭新的教师称谓,一种新的教师发展与意义的"符号",需要我们从理论和实践两个层面来共同探讨、不断丰富它的内涵特征。

提起教育家,我们的脑海里迅速呈现的是孔子、蔡元培、陶行知,是苏格拉底、柏拉图、杜威、苏霍姆林斯基。当代活着的人,有被我们承认是教育家的可谓凤毛麟角。陶行知先生指出,第一流的教育家"敢探未发明的新理""敢入未开化的边疆"。顾明远先生主编的《教育大辞典》中,对"教育家"

的解释为:在教育理论或实践上有创见、有贡献、有影响的杰出人物。大多数学者认为,教育家应指那些在前人教育实践的基础上进行过富有成效与特色的教育实践活动,为其所处时代培养出许多有用之才的人,提出过独到的教育理论并产生过一定社会影响的人。

我们认为,教育家型教师并不是作为一种荣誉称号或一般的称谓,而是对专业身份内涵与意义的高度概括,至少具有以下三种特征:

一是执着追求教育信仰,以教育为志业的教师。教育家型教师具有"一箪食、一瓢饮,在陋巷,人不堪其忧,回也不改其乐"的精神,不怕工作繁重,不怨境况恶劣,把全部的精力都放在儿童身心发展上。他们有"捧着一颗心来,不带半根草回"的大爱,甚至"我不入地狱,谁入地狱"的大义。因此,我们还可以说,教育家型教师要有一种朝圣者的情怀。

二是能够扎根教育实践,凝练教育思想的教师。教育家型教师应该静心教书、潜心育人,专心研究、醉心实践,能够并应该形成和发展相对成熟的个体教育思想或理论,比如"开先河的教育思想"或"集大成的教育思想"或"哥白尼式的教育思想",教育家型教师应居其一。

三是具有内在影响力,彰显专业成就的教师。教育家型教师具有批判意识与能力,他们不单是传递知识,而且还是创造知识,他们的影响力主要并不在于著作成果的丰硕或是对教育政策的左右,而在于丰富、鲜活、不断创新的教育实践活动过程与现场,通过其创造性的教学工作,他们在连续时空中对学生的内在精神、价值观、思维方式、实践能力等有深刻影响。

三、教育家型教师的成长之道,需要我们携手探寻

怎样从一名普通教师,成长为教育家型教师,我认为至少有以下三个问题需要思考并努力探寻。

1. 寻找自己的那句话

1962年,作为在美国国会就职的第一位女性议员之一的克雷布斯鲁斯提出:"一个伟大的人,就是一句话。"比如讲到林肯,他维护了统一,解放了奴隶。我们形容毛泽东:带领人民解放了全中国。说到知名的教育家,苏格拉底,我们马上想到产婆术;说到斯霞,属于她的那句话是童心母爱;谈到李吉林,则是情境教育。教育家型教师,肯定都有自己的那句话,这句话实际上代表了他们的价值观、努力方向和发展轨迹,那么作为教育家培养对象应该努力地寻找自己的那句话。

2. 准备接受持续痛苦

教育家型教师的成长必然是痛苦的。通往教育家型教师的路途可能并没有那么趣味盎然、常常有鲜花簇拥,很多时候是在坐"冷板凳",需要与世俗的风气"抗争"。当大家随波逐流的时候,当大家妥协退却的时候,当大家半途而废的时候,恰恰是需要教育家型教师持续付出艰辛而痛苦的努力的时候。

3. 专心致志，专一求精

找准一个问题，然后努力去解决它。诺贝尔奖获得者、稳压二极管的发明人齐纳说过这样一句话："人的一生只有两个问题。第一个问题，是找到一个问题。第二个问题，是把它解决掉。"教育家型教师必须在教育教学的某个领域达到专精的程度和境界，这就需要我们寻找一个自己感兴趣的问题，并执着地、深入地、甚至用一辈子的心血去解决它。

(2019 年 11 月 7 日)

名师的担当和坚守

举办中学化学名师高级研修活动,目的很明确,就是为了落实立德树人根本任务,明确化学学科核心素养落地、实施学科育人的要求,发挥中学化学名师的示范作用,引领全省中学化学教师专业素养的高位发展。活动主题"做四有好老师,当树人大先生"颇具新意、引人深省。

2014年,第30个教师节前夕,习近平同志在考察北京师范大学的讲话中要求我们每一位老师:要增强立德树人、教书育人的荣誉感和责任感,做一名"有理想信念、有道德情操、有扎实学识、有仁爱之心"的党和人民满意的"四有"好老师。这是对每一位教师的基本要求,是作为名师和朝着名师目标努力的教师必须身体力行的。就此并结合活动主题,我有这样几点理解。

一是担当立德树人责任。立德树人是新时代中国特色社会主义教育的根本任务,是学校一切工作的出发点和归宿。学校的主体是教师,因此,教师能否做好立德树人工作,决定了学校能否真正完成好立德树人根本任务。教师立德树人,首先要立自己的德、树自己这个"人",方能立学生之德、树学生这个"人";要正品修身,具备仁者的胸怀、厚实的学养、师者的风范,以身作则,感召、引领学生德智体美劳全面发展。作为化学老师还应充分利用化学的学科优势,展示学科立德树人的独特魅力。例如,化学作为以实验为基础的一门学科,关注物质的性质、变化及其过程、结果的解释和讨论,可以促进学生树立正确的世界观;化学强调实用、程序和动手操作等,可以因势利导进行科学伦理教育、增强学生的科学思维和实践能力。

二是落实学科育人要求。作为老师,需要不断反思自己的学科教学行为是否遵循了教育规律、是否做到了"以学生为本"。而要做到这两点,就必须时刻保持如饥似渴的学习状态,融通本学科、融会各学科,不断提高专业素养、技术素养和人文素养。要全面把握学科本质,赋予学生化学学科的精神特质。从化学历史的视角,引领学生以先贤为榜样,砥砺自己,实现人生价值。从化学功能作用的视角,引领学生认识化学的魅力,热爱化学、学好化学。从化学发展的视角,立足本学科开展STEM教育,引领学生融通本学科智慧,融会其他学科知识,提高跨学科素养。

三是坚守课堂教学阵地。课堂是教师教书育人的主阵地、主渠道。一般认为,教师应该运用自己的智慧和创造力,挖掘蕴涵其中的无限生机和活力,把课堂营造成生动活泼的学习乐园,让学生在愉快的学习环境中自然、有序地学习和操练,不断提高学生的思考、想象、表达和交流等能力。因此,在课堂里,老师要根据教学实际,创设必要的情境,给学生提供课内实践的机会,让学生在特定的环境中进行实践体验,使他们在活动中感悟道理、体验情感、规范行为。也就是说,老师实施课堂教学,要进行设计。一堂好课,一定有好的设计(预设的或也做适时调整的)。好老师,一定有好课堂。好课堂才能激活学生的梦想。好老师就是学生梦想的设计师。这次研修活动安排的内容很丰富,而主要是由"名、特、优"老师展示他们精心设计的课堂教学。这无疑是一种含蓄的提示:课堂是名师的舞台、是名师的疆场、是名师价值呈现的地方。坚守课堂是名师的归宿。

作为好老师,教书育人、立德树人,真正成为学生梦想的设计师,必须始终立足课堂、站稳课堂、驰骋课堂。名师来自于课堂,名师应永在课堂。

(2018年12月12日)

名师与核心素养落地

本届江苏省中学地理名师论坛活动,将围绕"高中地理新课标实施及核心素养的教学落实"这个主题展开交流研讨,目的很明确,就是为了更好发挥地理名师的示范引领作用,引导教师更好地理解高中地理新课标的理念与内容,研究地理新课标的实施及地理核心素养的教学落实。

论坛在新颁布的普通高中各学科新课程标准中赫然出现"核心素养"具体要求、各地都围绕新课程方案和新课标组织了培训的情况下举办,并以核心素养的落实为主题,显然是情理之中的事。因为,在学科教学中真正落实核心素养要求才有真正意义上的学科教育,而在学科教学中落实核心素养要求绝非举手之劳、一蹴而就,需要我们付出智慧和辛劳,需要长期的实践和积累。这是一个难题,而把这个难题交给名师们来破解,实属高明之举。名师在实施新课标、落实核心素养要求过程中应有特别的担当。

一是成为名副其实的名师。2014年第30个教师节前夕,习近平同志在考察北京师范大学的讲话中要求我们每一位老师:增强立德树人、教书育人的荣誉感和责任感,做一名"有理想信念、有道德情操、有扎实学识、有仁爱之心"的党和人民满意的"四有"好老师。对照2016年颁布的江苏省中小学名师评选条件,名师首先应该成为"四有"好老师,"四有"好老师就应是名副其实的名师。名师是教师群体、教师团队的骨干、向导和灵魂。名师应在落实学科育人要求、坚守课堂教学阵地等方面成为其他老师的楷模。而在今天的背景下,名师就应在本学科新课标实施及其核心素养落实中成为率先探索实践者、示范引领者。

二是引领把握新课程标准。课程是实现育人目标的重要载体,体现着国家意志,在落实立德树人根本任务中发挥着关键作用。去年初,教育部印发《普通高中课程方案和课程标准(2017年版)》后,各级各地都组织了教育部门相关负责同志、全体普通高中教研人员、校长和教师的培训。但是,仅有这样的培训显然是不够的、无法完全达到目的。历史和现实都表明,我们老师中有相当一部分是不重视课标的,更勿论研读了,往往缺乏对学科教育教学要求的整体把握,满足于能驾驭教材、赋予学生知识和技能。在"促进普通高中课程的育人理念深入人心、育人模式改革不断深化"的新要求面前,作为名师的重要任务之一就是要在自己研读课标的同时,带领其他老师一道研读,让同学科的每一位老师都能全面透彻地把握新课标,为提高学科教育教学实施水平奠基。

三是把握核心素养培育路径。新课标的一大特点是进一步强化了学科的育人功能。各学科首次凝练提出了学科核心素养,把党的教育方针关于人的全面发展要求具体化、细化到各学科课程之中,明确学生学习该课程后应形成的正确价值观念、必备品格和关键能力。一年多来,围绕地理学科"人地协调观、综合思维、区域认知和地理实践力"等四个方面核心素养的落实,思考、实践和研究的成果不少。不过,面对在理论上尚未完全厘清的这一时代性课题,在实践上要在短时间内取得突破是有难度的。但我们不得不努力为之。一方面还是要学习,要拓展学习领域,寻求理论引领,争取少走弯路;另一方面要根据地理学科作为一个完整的知识体系所固有的知识的顺序结构、层级结构和层核结构,把握地理学科核心素养的具体要素及其相互关系与培育路径,把握核心素养之核心及其赋予本学科的独特育人价值,并积极主动地加以实践。

(2019年5月23日)

名师工作室应有的品质与功效

一般而言,我们的学科教研活动以教师个体参加为多,以团队形式参加不多见。这次以各地中小学体育名师工作室为单位参加活动,而且要以名师工作室的名义展示课堂教学,这是江苏省中小学体育教研工作新的形式、新的平台,是促进全省中小学体育教育教学质量提高的新举措、新机制。

评选名师并建立名师工作室,这应该与建立教研员队伍、开展教研工作一样,是我国基础教育改革发展中的创举。各级教育行政部门、各级各类学校都建有名师工作室,并试图以名师带动教师队伍建设。建立名师工作室、发挥名师工作室的作用,各地都有丰富的实践和经验。而在我看来,名师及其工作室至少应该做好这样三方面的基本工作。

一是发挥名师工作室的辐射效应。江苏省教育厅在2016年3月印发的《江苏省教育工作先进个人(教学名师)评选办法》(以下简称《办法》)中对于中小学名师的个性化条件之一就是:"教学团队建设好。积极承担指导青年教师任务,在提高青年教师教学水平方面取得显著成绩。"一般而言,名师工作室以名师的姓名命名,并由名师以师傅带徒弟方式运行,以名师工作室内部活动为重点、以名师工作室向外展示的一些活动为辅助,帮助带动区域内同学科优秀教师的进一步提高。名师工作室充分发挥名师的示范、引领、指导作用,成为优秀教师成长的摇篮是重要的,向外的一些展示活动也是必须的。但是,仅此是不够的。名师工作室要定位为"连绵不断的涟漪式辐射源":通过名师的"传帮带",不断造就优秀教师;由优秀教师带动骨干教师涌现,再由骨干教师带领所有普通教师成长,促进每个教师的专业发展,实现提升区域教师队伍整体素质的目的。

二是加强名师工作室之间的交流。江苏各级都有名师工作室,而且都有计划地组织相应活动,或根据教育部门和学校的要求开展活动,为当地甚至更大范围的教师专业成长作出了积极贡献。但是,这些活动的特点是纵向的、居高临下的,而且往往是一个名师工作室的单独活动。同学科名师之间、名师工作室之间、不同学科名师工作室老师之间的交流、切磋比较少。名师工作室活动的设计应突破这样一种状态,为中小学名师工作室搭建了一个平台,引领各工作室围绕共同面临的问题进行研讨、展示实践样态和成果、交流互鉴。这样的创意,既可以促进工作室之间的相互了解、相互交流、相互学习,又可以打破长此以往有可能形成的"学术门户"甚至"圈子文化",还可以集中各位名师及其工作室的智慧,研究、解决提高中小学学科教学质量面临的难点和重点问题。

三是引领中小学教育改革方向。江苏省教育厅的《办法》中对于中小学名师的个性化条件还说道:"在省组织的内涵建设、重要赛事、教学改革等重大建设中发挥明显的学科建设能力和专业创造能力。"这是要求每位名师,在全省基础教育教学改革中成为创新者、引领者。也就是说,作为名师,不仅要"深耕"并"经营"好工作室这块阵地,经常组织活动,不断实践、总结、反思、批判,带领优秀教师成长,还要跳出本学科、本工作室,立足本校、本区域乃至全省基础教育内涵建设、质量提高等方面的新目标新任务和新要求,深化本学科的课程建设、教学改革,践行学科育人、落实立德树人根本任务。用这样的要求来衡量,这次全省中小学体育名师工作室"单元建构的项目一体化课堂教学展示活动",就是一次引领性的活动。这是名师名副其实、名师工作室高品质发展、功能最大化的标志。不断涌现这样的名师及其工作室是中小学教育改革深化的需要。

(2019年5月30日)

班主任应有"大爱"的能力

组织中小学班主任基本功比赛,目的很明确,就是促进全省中小学班主任加强基本功训练,搭建班主任成长平台,促进班主任专业化发展,壮大优秀班主任核心团队;同时,增强合作交流,实现资源共享、优势互补,共同促进班主任队伍建设。为了达成这样的目的,比赛一般采用"赛训一体、以赛促建"方式,营造氛围、锤炼骨干、树立典型、示范引领。

当然,每次比赛既是"收获"的时刻,同时预示着新的征程的开启。每一次组织比赛,我们的注意力不仅仅在于发现基本功扎实的优秀班主任,还在于总结他们的"所以然"——成长成功的经验、规律并大力宣传,使得他们成为全省班主任队伍的旗帜;也在于了解班主任基本功应该进一步完善、提升的方面,发现比赛本身存在的问题,以便今后的比赛更有成效、组织得更好。

一是发挥好示范导向作用。中小学班主任基本功比赛,江苏各级都组织,华东地区也组织,全国也有机构在组织。我们认为,组织比赛不是为组织而组织、为比赛而比赛,为了推选几个基本功好的班主任老师参加各层次组织的比赛,为本地、本校添光贴彩赚声誉,而是各地和学校都充分认识到班主任工作的重要性,旨在打造一支高素质的班主任队伍。这是组织班主任基本功比赛的初衷所在。

因此,我们应在认真组织好每一次比赛的基础上,采取多种形式、通过不同途径宣传推广获奖班主任的经验,引领每位班主任的专业成长,逐步成为合格甚至优秀的班主任。而对于获奖班主任,一方面应充分认识到自己的成长、获奖既是自己努力的结果,也是周边同事、领导和学生的支持、帮助的结果;另一方面,应以合适的形式和途径,主动与周边乃至更大范围的同事分享班主任工作的经验,为本校和本地班主任群体共同成长作贡献。

二是不断巩固提高基本功。通过小论文(围绕给定主题撰写)、笔试(在规定时间内完成活动方案设计和相关基础知识题)、面试(在规定时间内完成教育情景模拟)等方式来检测班主任基本功的。这些办法经检验是可行的,可以基本测定一个班主任的基本功水平。作为班主任应在具备正确理解、把握、有针对性地宣传党和国家法律法规、方针政策以及学校要求的能力基础上,具备大爱之心(真正平等又区别地呵护每一个学生),具备组织协调、表情达意、言传身教的能力。显然,比赛的要求不可能完全包括班主任基本功的所有方面,一般而言,要么是重要内容,要么是主要方面。

当然,每次比赛还会有些应时应景的新要求(变化)。也就是说:班主任的基本功是有其基本组成的,而做好一个班主任,除了具备基本功,还是有更为全面、更新更高的要求的。我认为,每一个合格的老师都能成为一个合格的班主任,班主任应该首先是一个合格的老师;我们不能把班主任与任课老师理解为"两张皮",而应是硬币的两个面;一个优秀的基本功过硬的班主任应该是学科教育水平较高的任课老师。因此,每位班主任老师还是应百尺竿头更进一步,深化自己的班主任工作实践、提高学科教育水平,并及时总结、反思,尽早成为优秀的班主任。

三是强化学生中心思想。以学生为中心,这似乎是无需对班主任老师说的话。但是,实际状况表明,班主任老师要真正做到"以学生为中心",恰恰不是一件容易的事。每一位老师都是社会人,班主任老师也不例外。而我理解,班主任老师是社会化程度更高的老师。班主任老师与大部分非班主任的任课老师相比,接触的学生更多,对学生的了解更深入、更全面。在这样的情形下,班主任的言行不可能不受影响。于是,其中就有一种需要班主任老师具备的,既是基本功,又超越基本功的能力,这就是"大爱的能力"。

有人会说,爱的能力,不是人人都有吗? 是的,每个人都有爱的能力,而且每一位老师、班主任老师都不缺乏爱的能力。这里是讲"大爱的能力",这是一种宽广博大的爱,施与每个学生的爱。扪心自问,每个班主任都有、都能做到吗? 面对几十个来自不同家庭、阶层、民族、性别、长相、学业水平等的学生,我们能做到施与他或她所需要的爱、并努力给予"放牛班"以春天、实现"不让一个学生掉队"的目的吗? 因此,我认为,拥有爱心、拥有大爱之心,应该是居于上位的班主任的基本功;尽管不好测量,但这是胜任班主任工作、做好班主任的前提和基础条件,也正是班主任的魅力、班主任工作的伟大所在。

(2019年9月27日)

教师专业发展的多重途径

年会年年开,年年有不同。今年的江苏省教育学会音乐与舞蹈专业委员会年会,把音乐教师专业发展作为主题组织专题研讨,是非常有意义的。

近些年来,国家关于教育改革发展的新政迭出,而对基础教育的改革发展尤为重视。去年教师节期间召开全国教育大会后,国家连续印发了一系列关于新时代我国基础教育深化改革、立德树人、培养德智体美劳全面发展的社会主义建设者和接班人的重要文件。今年6月23日,中共中央国务院颁发《关于深化教育教学改革 全面提高义务教育质量的意见》(以下简称《意见》),其在第二部分"坚持'五育'并举,全面发展素质教育"中对德智体美劳各育分别提出了要求,其中第6条要求:"增强美育熏陶。实施学校美育提升行动,严格落实音乐、美术、书法等课程,结合地方文化设立艺术特色课程。广泛开展校园艺术活动,帮助每位学生学会1至2项艺术技能、会唱主旋律歌曲。引导学生了解世界优秀艺术,增强文化理解。鼓励学校组建特色艺术团队,办好中小学生艺术展演,推进中华优秀传统文化艺术传承学校建设。"这是近十年来对于学校美育具体要求的集中体现。

而这些具体要求的落实，首要而关键在于教师，在于能不能配足教师。教育部2008年印发的《关于进一步加强中小学艺术教育的意见》明确提出了：艺术教师城镇学校以专职为主、农村学校专兼职结合的建设思路；《意见》则提出了"通过购买服务等方式，鼓励专业艺术人才到中小学兼职任教。支持艺术院校在中小学建立对口支援基地"的要求。但这些要求即使认真落实也还要有相当长的时间才能到位，何况中小学艺术教师的欠债太多、时间太长了，因此，特定时间里的努力只能是杯水车薪，解决不了根本问题，而学生艺术素养的培育是不能等待的。因而，第二重要也是实事求是、因势利导的做法是大力提高现有教师的专业素养和队伍的整体水平。从这方面考量，今天这样的围绕音乐教师专业发展的专题研讨活动就是十分重要和必要了，而在促进教师专业发展方面，教科研机构、教研员、一线老师自身都是可以有所作为的。

就教科研机构而言，应优化创新教师专业发展平台。在提升音乐老师专业素养方面，各地教科研机构都有一些好的做法。比如，江苏省、市、县各级都在组织开展的青年教师学科教学基本功比赛、学科课堂教学优课评比以及各种类型的课程教学研讨、课堂教学展示观摩活动等。这些活动应进一步优化完善、扩大效应，特别是要向农村学校音乐教师倾斜；同时应针对音乐学科的特点，拓宽思路、创新方式，为音乐教师提供更多、更有效的专业发展机会。

就教研员而言，应开展高质量音乐教科研活动。实践表明,开展教科研是音乐老师提高专业素养的有效途径之一。音乐教研员应该下沉到音乐课堂里去,特别是农村学校的音乐课堂,为音乐老师的课堂把脉、诊断,引领教研组活动以问题为导向、以解决问题为目标;同时,要引导音乐老师站到高处,以俯视的姿态审视自己教学中面临的问题,组织集体反思、总结、研讨,寻求问题解决的办法、把握解决问题的规律,在解决具体问题过程中实现专业成长。

就音乐老师自身而言,应增强责任意识实现自主发展。音乐学科向来被认为是小学科、边缘学科。即使在国家已经十分重视中小学艺术教育的今天,依旧是一种"弱势"学科的现实。当然,在考试教育大行其道、并早已成为影响力极强的社会教育文化的今天,这种状况是不可能轻易改变的。只是每一位音乐老师,应该充分认识音乐对于学生的创新能力培育、终身发展和幸福的作用,并在此基础上建立应有的自信,在借助教科研机构搭建的平台、教研员组织的教科研活动实现专业成长的同时,养成反思、总结自己每天的音乐教育教学工作的习惯,不断地发现、认识自己面临的问题,及时学习理论或借助专家指导等途径解决问题,久久为功,实现自主发展。

(2019 年 12 月 24 日)

好教师·好校长·好学校

第二届全国名校长年度峰会将围绕"好教师成就好学校"这一主题开展交流研讨,非常必要、很有意义。

近些年来,从国家到地方,有关基础教育改革发展的新政迭出,有力地推动了基础教育领域各项改革的深化,课程、教材、课堂、评价等改革实践成果也因此丰富多彩。其中尤以抓住了教师这个影响教育改革发展实际成效的根本和关键。比如,江苏依据《中共中央国务院关于全面深化新时代教师队伍建设改革的意见》、教育部等五部委《教师教育振兴行动计划(2018—2022年)》等文件精神,继"十二五"及"十三五"前期实施江苏人民教育家培养工程等一系列教师发展重大项目的基础上,推进了江苏教育名家培养工程实施、"四有好老师"团队建设、省级名师工作室建设等一系列引领全省基础教育阶段教师专业发展的重大工作。可以想见,这些工作的持续推进,将有力有效地促进江苏基础教育阶段教师队伍整体水平的提高,将进一步彰显教师在每一所学校品质和质量提升、每一个学生终身发展和幸福、基础教育整体发展水平和质量提高中的不可或缺的地位和作用,让人们进一步深刻认识教师对于国家发展、民族振兴、家庭幸福的极端重要性。

有道是,"一个好校长就是一所好学校",而"好校长"必须能够带出一支"好教师"队伍,否则就没有"好学校"之说,也就没有"好校长"之论。因此,从根本上说,有"好教师"队伍的支撑才可能办成一所所"好学校"。

校长是学校发展的灵魂,而教师是学校办学管理、教育教学的主体力量。教师强则学校强,有理想信念、有道德情操、有扎实学识、有仁爱之心的"好教师"才可能成就一所所"好学校"。

校长是学校的精神领袖和道德模范,是学校前进的一面旗帜。而"好教师"才配得上"灵魂工程师"的称号。校长应为每一位教师搭建个性化的成长平台,引领、促进每一位老师成为"好教师"、成为名副其实的"灵魂工程师"。

校长是学校文化建设的引领者、推动者,教师是学校文化的传承者、创造者。"好校长"应带领每一位老师成为学校特色和风格的铸造者、学校文化的传播者、内化学校文化为学生气质的涵育者。

学校是教育的细胞。学校充满生机和活力是一所"好学校"的标志,也是教育具有生机和活力的标志。而充满活力和生机的学校,无疑需要"好校长"与"好教师"在遵循教育规律和学生身心发展规律基础上的共同打造。

"好教师"成就"好学校","好校长"成就"好教师"。校长应充分认识教师对于学校的价值,充分信任和爱护教师,努力发展和成就教师,培育具有本校特质的"好教师"队伍,以成就你的学校、成长你的学生!

(2019年12月21日)

第五编
学校文化的效用和建设

学校特色文化建设的意义和任务

组织全省小学特色文化建设工程项目学校评选,是省教育厅推进基础教育内涵和质量提升的重要工作之一。以学校特色文化建设作为引导小学内涵和质量提升的"动力",是有其特别的考量的。教育文化学认为,学校的教育教学活动都是文化活动。因此,这项工程的实施是反映小学内涵发展的规律性要求的。而高质量高效益地实施这项工程,需要具备这样三方面的基础条件。

一是进一步充分认识推进小学特色文化建设的意义。江苏省有关部门《关于推进小学特色文化建设工程的意见》(以下简称《意见》)开宗明义:推进小学特色文化建设工程,是为了落实党的十八大提出的把立德树人作为教育根本任务的要求。这一项工程实施五年的经验表明,推进小学特色文化建设是解决小学身为教育机构而没有特色、品位不高、"没有文化"的问题,以中华优秀文化、学校自身特色文化浸润师生,发展有特色、有品质的小学教育的必然要求和有效途径,是赋予小学生核心素养、培养小学生关键能力,促进小学生全面而有个性地发展的有效举措。

二是进一步明确推进小学特色文化建设的核心任务。

《意见》明确了小学特色文化建设工程的"总体要求""主要目标""主要任务"和"具体抓手"等,其中需要强调的是小学特色文化建设的"主要任务",即:加强校园物质文化建设,不断优化育人环境;强化课程文化开发,深入实施素质教育;打造学校精神文化,全面提升师生素养。应该说,小学特色文化建设的任务十分明确,并要求把课程文化开发建设作为"具体抓手",即"以特色课程文化建设为抓手,全力提升小学教育质量"。《意见》还进一步要求:"小学特色课程文化建设,重点围绕小学课程基地的建设展开……""小学课程基地建设项目,可以是单科的,也可以是综合性的;可以是课程专用教室的建设,也可以是特色场馆的建设;可以是课程资源等软件建设,也可以是设备设施等硬件建设;可以是教室的课程环境建设,也可以是校园课程物态文化建设;等等,提倡围绕国标课程和校本课程的实施为主。"可见,小学特色文化建设,核心任务是建设小学课程文化,这也是课程作为教育本质、素养跑道的地位决定的。

三是进一步完善本校特色文化建设方案。成功申报成为江苏省小学特色文化建设的项目(学校),都有一个基础较好的项目申报书或实施方案。但还应根据项目评审时专家的意见和建议进行修改、完善。调研表明,尽管有些学校特色文化建设项目申报后经过答辩立项了,但细细研读申报书或实施方案,还是显得粗陋,需要完善的地方很多;有的甚至因为基本概念解释不清、基本的逻辑关系没有厘清,文本本身存在重大疏漏、经不起推敲。当然,这样的情况并不完全表明评审的不严谨、不严肃,而往往是评审时看重了申报项目所蕴含的特殊的文化价值和意义。但是,如果照此实施,可想而知是难以建成相应的特色文化、完成相应的任务、实现设定的目标的。因此,学校的项目申报书或实施方案应通过修改、完善,进一步明确本校特色文化建设项目的目标、具体任务及其责任部门或个人,以及实施的思路、要求、方法、步骤、保障条件等,确保在预定的建设时间内完成任务、实现目标。

(2018年9月11日)

文化创新：学校发展的源动力

通过具有校本特色的文化创新促进学校发展的问题，是目前大多数学校都关注的，而且有的学校已经实践得比较充分并取得了相应的成效。因此，基于已有思考或实践基础上的交流、研讨，必定有利于相应实践和研究的深化。也因此，正确地理解、把握"文化创新中的学校发展"内涵及其本质规定性，并切实地加以实践，就显得十分重要而又必要。我对"文化创新中的学校发展"有这样三方面的理解。

其一，学校就是文化机构。"学校是文化机构"，这是一个陈述句，是一个肯定性判断。但是，加了"就"字，语气上有了变化，这是在怀疑当下的学校是不是真正意义上的文化机构、有没有"文化"的同时所做的应然性的强调。无疑，学校应该是一个文化机构、应该是有文化的地方。不少学校有着深厚的文化底蕴，是中华优秀传统文化传承和发扬光大、现时代优秀文化积淀卓有成效的地方。但同时，还有不少学校缺乏文化建设的自觉意识，经年累月后，"粗陋的室内外环境、粗放的管理制度、粗犷的发展目标"依旧，文化积淀有限、文化氛围稀薄。

学校的教育教学行为都是属于文化范畴的活动，即文化活动，而且大多是既有文化成果的有计划有组织的传播。如果将这样一种传播行为置于与此相宜的氛围下，那么将更有效地促使学生掌握其中的知识和技能，同时形成相应的情感、态度、价值观，形成师生共同具备的"植根于内心的修养，无须提醒的自觉，以约束为前提的自由，为别人着想的善良和换位思考"的文化品质。而要进入这一境界，唯有建设有利于既有文化传播的、具有校本特色的学校文化，也只有这样，学校才能成为真正意义上的文化机构。

其二，学校教育教学工作无不是文化的积淀。作为文化机构的学校，首先，进行着既有文化的有计划有组织的系统性传播活动。而由于老师和学生都是"活的"文化载体，都会自觉不自觉地在传播、接受既有文化的同时渗透进自己的理解。不同时代的人的思维方式不同。因此，这样一种理解，客观上使得既有文化烙上了时代的印记，即既有文化的现代性、现代化，也就是发扬光大。这是一个既有文化的扩散过程，也是新文化的形成过程。其次，为了使得既有文化的传播更为顺畅、有效，还必须进行具有学校特色的文化建设，形成新的物化环境、制度规范和价值目标。再次，学校作为一个社会化的文化机构，不得不及时回应社会的要求、时代的呼唤，同时把现实社会发展的成果及时积淀下来，不断丰富学校文化。

无论是对于既有文化进行价值判断、去粗取精、去伪存真、在师生中传播并发扬光大，还是保障既有文化传播顺畅、高效的学校文化建设，或者是积累现时代社会发展新成果而丰富学校文化，都是现代学校的一个重要功能，都是学校文化的积淀途径。由此可见,教育是文化的生命机制,学校教育教学活动是最有效的一种社会文化活动,学校的文化功能是其他任何社会组织无法比拟的。

其三,文化创新是学校高品质发展的源动力。一般而言,学校文化是经过长期发展积淀而形成共识的一种价值体系(即价值观念、办学思想、群体意识、行为规范等),也是一所学校办学精神与环境氛围的集中体现,同时,还是一所学校品质的标志。因此,一所学校教育教学工作品质的高低,主要取决于学校文化建设水平、文化建设成果品质的高低。从文化内涵的主要方面,即物质文化、制度文化、精神文化三方面考量,学校文化建设既要全面、协调、构建完整的学校文化大厦,又要在这三方面深化建设实践、拓展建设领域、丰富建设内容、提高建设品质,而基础则在于创新建设的思路、方式方法和手段。唯有如此,才能发展形成具有校本特色的课程文化、教学文化、师生文化,提高课程开发水平、推进教育教学变革、促进师生共同成长,实现学校高品质发展。

进而言之,学校文化的核心是学校内各群体所具有的思想观念和行为方式,其中最具决定作用的是思想观念,特别是价值观念,因此,学校文化具有导向功能、凝聚功能、规范功能。而要具备这些功能,学校必须充分地利用各种因素,形成本校独特的价值观、信念、手段、语言、环境和制度等方面的创新成果,这些既是学校的品质之所在,又是学校发展的源动力。

(2019年4月11日)

学校文化的传承与创新

把"传承与创新——学校文化建设的理念与行动"作为小学科研基地学校研讨活动的主题,目的很明确,就是引领基地学校重视文化建设,通过文化建设提升学校品质,完成好学校教育的使命和任务。

学校作为教育机构,天然地就应该是一个文化机构,是一种文化存在,应该是有文化的地方。而我们现在的不少学校尽管"应该是一个文化机构",但恰恰就显得没有"文化"。当然,这不是说我们的学校没有一丁点儿"文化"的韵味,而是说这类学校文化传承的努力不够、积淀不厚,学校在物质的、制度的、精神的文化建设方面的层次和水平,与培养德智体美劳全面发展的社会主义现代化建设者和接班人的要求还不匹配;学校文化积累的深度、广度、厚度还不足以形成浓郁的、无处不在的氛围氤氲师生的学习和生活,因此,就难以促使师生形成"根植于内心的修养"、具有"无需提醒的自觉"、追求"以约束为前提的自由"、具备"为别人着想的善良和换位思考"。于是,一所学校有没有文化,不在于它的占地有多大、校舍有多新、设施设备多与少,甚至建校年代长与短,而在于它在物质、制度、精神层面上的文化传承和积淀有多深、多广、多厚。

一所学校文化的形成,大体有这样两种途径:一是从府学、县学或书院等基础上发展形成,二是办学数十年、甚至上百年逐步积淀而成。前者是从历史中发展而来,在江苏,这类学校数量不在少数;后者则依靠自己的积淀而成,面广量大的中小学校属于这一类。但是,无论通过哪一种途径形成学校文化,都需要在传承和积淀两个方面的不懈努力,也就是"建设"。学校文化的形成关键在于积极传承、主动积淀。

站在今天这个时间点上看,传承是学校文化建设之"捷径"。对于一所已有相当长历史的学校而言,值得传承的文化是这所学校发展进程中日积月累的物质、制度、精神文化的精华,是与现时代主流文化相向的,是今天这所学校不仅要保存好,而且要发扬光大的方面。传承学校已有的优良传统文化,让优良的学校传统文化为生活在现时代的师生所接受、并自觉内化,就有一个将优良传统文化现代化的要求。这种要求,反映在内容上,就是要转换成现代话语进行阐释;反映在形式上,就是要进行现代语境下的表达,这正是传承中的创新。

站在今天这个时间节点上看,积淀是绝大多数学校文化建设应该着力为之的方面。学校文化的积淀至少有这样三条途径:一是学校优良传统文化的挖掘、整理;二是现时代经济、社会、政治、文化和生态建设新成果的吸纳、荟萃;三是学校特定教育理念指引下的办学管理、教育教学实践成果的积累。实践表明,这三条途径是积淀、丰富学校文化的有效途径。但由于这三条途径积淀的文化的内涵及其表现方式存在差异,就有一个统筹这三方面的文化积淀工作、统整这三方面文化的内涵及其表现形式于一体的要求,使得这三方面和谐统一、成为学校的主流文化,成为学校实现办学管理和教育教学目标的强有力的文化支撑。而这样的统筹、统整的作为无疑是一个创新的行动。

进而言之,从文化学的角度看,人们的生产、生活行为都是文化行为。我们学校每天都在进行的、几乎是日复一日年复一年的、循环往复的办学管理和教育教学工作,无不是文化建设之举。而就是学校这种大致不变的样态,由于学生的变化、社会要求的变化,以及由此引发的老师的变化,使得这种看似周而复始的、几乎一成不变的状态,其实是复杂多变的、是一首"生命之交响曲"。因此,每位校长、每位老师的每天看似平淡无奇的工作,无不是在进行文化的变革、改造和建设;我们通常所说的办学管理理念的更新、体制机制的完善、课程教学的改革,等等,其中不乏创新的思想、创新的作为、创新的成果,也因此,客观上都在进行着学校文化的创新。当然,其中的分野在于:有的是有意识的、主动的,有的是无意识的、被动的;有的是专注的、持之以恒的,有的是随性的、浅尝辄止的。而这种分野,最终造成了学校文化建设的成效大小、成果多少、品质高低的分化。

总之,学校文化建设过程中,传承是新的积淀,积淀是为了传承;传承需要创新,积淀同样需要创新。

(2019 年 5 月 8 日)

学校文化建设路径的逻辑选择

近些年,江苏省教科院科研基地活动的主题相对集中在学校文化、课程文化、课堂文化等方面建设的研讨上。用意很明显,就是想引领各基地学校认识学校作为文化机构的本质属性,增强学校一切教育教学活动都是一种文化活动、都可能是一种文化建设、一种文化创新的意识,并因此科学设计、实施学校的各方面工作。

文化是什么?文化是一种集体人格,是一个群体的共同的气质、共同的言行特质。因此,作为文化活动的教育教学行为,无不影响、促进、建构着学校中人们的人格。由此看来,作为学校教育教学主要阵地的课堂、核心环节的课堂教学,对于学校中人们人格的铸成无疑是最为重要的。也因此,课堂活动作为学校文化根本性的建设活动,显然不能等闲视之,不能轻视。

同时,从文化生成与发展的角度看,我们每天的课堂教学活动作为一种文化活动,可能是了无新意的,也可能是新意迭出,也就是有所创新的。有新意、有创新,就意味着课堂的变化或变革,课堂文化因此而发展并不断提高着品位。

这次江苏省初中科研基地学校学术活动的主题"文化创

新中的课堂变革",它是从另一端考察课堂与文化的关系,就是通过文化创新促进课堂的变革。文化创新不可能自发生成、从天而降,而是行为主体实施某种行为的产物。课堂新意迭出预示着变化或变革:要么是学校文化的创新促进了课堂变革,要么是原有课堂文化的发展或课堂新文化(新的环境、新的技术、新的教学方式方法等)的产生。于是,在这里有两种逻辑思路需要我们从实际出发加以遴选。

其一,教育目标实现→教育改革→学校改变→课堂文化改变→课堂变革(老师、学生、课堂物理空间的改变)。

其二,课堂变革(老师、学生、课堂物理空间的改变)→课堂文化改变→学校改变→教育改革→教育目标实现。

第一种是从影响课堂文化要素(教育目标、教育改革、学校改变)的变革出发,寻求课堂新文化的形成,实现老师、学生、课堂物理空间的变化;

第二种是从老师、学生、课堂物理空间的改变出发,形成新的课堂文化,进而促进学校改变、教育改变和教育目标实现。

那么,究竟该选择哪一种逻辑路径呢?我认为,对于一所学校而言,第二种似乎应该是目前的可行之选:就是在学校无法改变面临的大环境的情况下,遵循教育教学规律、学生身心和认知发展规律、情感态度价值观形成规律,积极地创设有利于课堂变革的学校文化,促进课堂变革。

因为,现实的教育文化决定了学校文化及其课堂文化。而社会教育文化则是教育文化的决定者。没有优良的社会教育文化就不可能有真正优良的教育文化,优良的学校文化也就难以形成。

而课堂变革需要文化的支撑。一定的学校文化决定了一定的课堂文化。旧有的学校文化及其课堂文化无以支撑课堂变革。因此,学校文化需要变革或创新。

但是,在学校文化创新所需的教育文化和社会教育文化尚不具备的情况下,学校文化创新将是十分艰巨复杂的任务。为此,还不如来一场"静悄悄的革命"——在我们学校还可以有所作为的课堂先做一些变革,逐步改造现有的课堂文化,形成课堂变革所需要的文化,即新的课堂文化,并以此实现改变学校、乃至教育、社会的目的。这应该就是选择第二种逻辑路径的原因所在。

而接下来,就有一个如何进行学校文化创新、实现课堂变革的问题要回答。如果以"所有教育教学活动都是文化活动"来观照,每所学校都在进行着程度、水平不同的这方面的实践,都有不少好的做法、好的经验。而有这样三方面的问题还是需要思考、实践的。

一是学校的文化建设。学校应有鼓励促进教师践行"学生中心"思想的环境氛围,应有保障教师引导学生进行合作、探究和体验性学习的制度,应有确保师生恒久地保持"向上"姿态的精神动力,比如校训,以及由校训内涵延展形成的校歌、校徽、校旗、校风、教风、学风等。

二是教师的角色转换。当下教师的师、长角色是与我们的先贤提出的"教学相长"理念不相协调的。因此,教师应转换自己在课堂里的角色。有人认为教师应由"言语者"转变为"倾听者",这是课堂变革的关键。我认为,教师应从心态和姿态上由"俯视"转变为"平视",这是成为倾听者的前提。

　　三是课堂的人性张扬。课堂是师生生命共同存在的空间。在教师角色转换后,为师生释放活力、砥砺思想、提升生命境界、完成自我建构创造了条件。但是,仅此还不完美,还需要学生间的平等、尊重观念与言行的确立和践行,以及人性的张扬。我们都熟悉佐藤学《静悄悄的革命》一书中那"润泽的教室"里学生间相互尊重、学习、勉励的目光;也都了解一位美国校长作为"二战"纳粹集中营幸存者,给每位新老师一封信的内容:……唯一请求是,请回到教育的根本,帮助学生成为具有人性的人……

(2019 年 9 月 29 日)

指向核心素养的学校文化建设原则

今年初,教育部颁发了《普通高中课程方案和语文等学科课程标准(2017年版)》。新方案、新课标的一大特色是:在文本结构上,新增了"学科核心素养""学业质量要求"两个部分,以强化学科育人功能,促进人才培养模式转变,着力发展学生核心素养和关键能力。

毫无疑问,发展学生核心素养,将是我国基础教育新一轮课改的主旋律、主目标,是新时代条件下,每一所普通高中学校必须完成好的首要而又艰巨的任务。完成这样的任务,需要修订课程和教材、改革考试、招生和评价制度。现在,国家层面的新课程方案、新课程标准已经面世,各科教材正在修订,考试、招生和评价改革也在进行中。因此,学校层面需要基于现有基础,为依据新方案、新课标、新教材实施有利于学生核心素养发展的教学和评价,提供物质支持、制度保障和价值引领,也就是要建设有利于学生核心素养发展的学校文化。这是新一轮课改取得成功的基本要求、基础工作,因此,也是最为重要的工作。而对于这样的学校文化是什么样态、为什么要建设这样的学校文化、这样的学校文化怎样建设等问题的回答,应该是我们汇聚在此集中研讨的任务和成果。而有利于学生核心素养发展的学校文化建设,需要遵循三个原则。

一是以人为本。教育是文化的生命机制。教育通过教育者和被教育者积淀、传承、光大着人类创造的文化。学校是教育的细胞和载体,这在客观上决定了学校是文化的渊薮。作为学校主体的老师和学生,既是优秀传统文化的传承、光大者,也是优秀新文化的积淀者、发展者。学校及其主体的如此特点,规定了学校新文化建设,不仅要顺应本校历史文化发展之大势,而且要符合学校及其师生适应时代要求的发展的呼唤。因此,有利于学生核心素养发展的学校文化的基本样态是:校园环境应具有人文底蕴,各项制度应充满人文关怀,价值目标应能够凝聚人心、激发潜能。

二是塑造人格。人格是一个人区别其他人的独特而稳定的思维方式与行为风格。文化作为一种包含精神价值和生活方式的生态共同体,通过积累和引导,创建集体人格。所有文化都沉淀为人格。文化是一种时间的"积累",文化能够通过"引导"而移风易俗。在这个动态过程中,逐渐积淀成为一种"集体人格"。应该说,学校文化积淀、发展的最重要成果,就是学校师生的集体人格的形成。学校文化建设直接影响到学生人格的塑造。因此,学校文化建设必须以塑造人格为目的,一切不利于学生人格塑造的所谓文化建设行为都是不可取的,有违人性的、反教育的学校文化建设行为都必须摒弃。

三是开放包容。作为教育对象的人,首先是自然的儿子,其次才是人类(社会)的儿子。学生的发展,首先是作为自然之物的身心的发展,身心发展所要求的学校教育必然是开放的、"原野"式的;其次是作为社会一分子的社会化,学生社会化能力赋予所要求的学校教育既应有规范导向的功能,又应有容错激励的魅力。教育发展、教育过程本质上是一个文化过程。教育教学形态实际上是一种文化形态。教育活动的终点和起点都是文化。学校的一切活动无不具有文化的意蕴、色彩和功能。因此,有利于学生核心素养发展的学校文化应该是开放的、包容的。开放、包容文化孕育的是:善于学习、健康生活,具有人文底蕴和科学精神,勇于担当责任、敢于实践创新的中国特色社会主义建设者和接班人。

(2018年11月27日)

文化创新与课程建设

作为文化活动的教育教学行为，无不影响、促进、建构着学校中人们的人格。而作为实施教育教学主要依据的课程——素养的跑道，对于学校中人们人格的铸成无疑是起着方向性，甚至决定性作用的。因此，江苏省初中科研基地学校学术活动把"文化创新中的课程建设"作为主题，以引领基地学校深化主题理解、把握实践要领，达成加强初中基地学校课程建设研究、促进教师专业成长、提高课堂教学质量的目的，我深以为然。

一是文化发展中的课程建设。学校文化是一所学校的根和灵魂。一所学校总是沿着特有的文化轨迹向前发展，又朝着更高的文化目标继续追寻。由于不同学校文化轨迹的独特性，便显示出学校间的区别：即由各自学校文化涵育形成的不同的课程；由于不懈追寻更高的文化目标，使得学校的各项工作一直处在不断追求新目标的过程中。显然，学校课程建设无疑不能游离于这个过程之外，而恰恰是这个过程中的核心的引领和促进力量，同时也正是学校的核心工作。这是因为，学校课程建设是学校在现行课程管理体制下，依据学校培养目标、学生需要、校内外教育资源，将国家课程、地方课程和校本课程进行整合重组,进而构建适应学生发展的、高效的、具有学校特色的课程体系的过程。这个过程不会完结,只有阶段性驻足的"驿站";正如学校的教育教学活动——文化活动没有终结一样,学校不断追求文化新目标的过程就是课程建设的过程。在此过程中,课程建设增强了这一"追求"的动能、同时接受了学校文化的涵育,并形成了特定的课程文化。

二是课程建设中的文化追求。课程建设是学校教育教学的基础工作,无论是仅仅把国家课程、地方课程不做任何改造地加以实施,还是结合学校需要的校本化后的实施,都不可避免地烙上特定学校的色彩,因为作为课程实施者的教师和学生无不受到特定学校文化的影响、熏染,甚至浸润,他们的文化心理直接影响到课程的实施及其效果。作为国家课程、地方课程校本化,即国家课程、地方课程在学校文化基础上的融合与建构,其基本要求是学校和教师通过选择、改编、整合、补充、拓展等方式,对国家课程和地方课程进行再加工、再创造,使之更符合学生、学校的特点和需要。可见,学校课程建设,特别是国家课程、地方课程校本化,实质上是一场文化建设、课程文化建设,是以学生、学校更好发展为价值导向的课程建设;同时,基于学校文化的校本课程建设,使得引领课程建设的价值目标与学校文化发展同轨合辙,成为学校发展的引擎,催生具有校本特色课程的形成,而这正是课程建设的题中之意。

三是文化创新中的课程建设。文化发展的实质,就在于文化创新。文化创新,是社会实践发展的必然要求,也是文化自身发展的内在动力。学校文化创新亦然。一所学校沿着特有的文化轨迹向前发展、朝着更高的文化目标不断追寻,其实都离不开创新。学校文化发展、学校文化追寻更高目标,创新是动力、是途径,也是手段。而由于课程在本质上是社会文化的一种选择,这就使得学校文化创新应有利于课程建设、形成课程文化。又由于文化创新是文化在继承基础上的发展、是文化在交流过程中的传播,因此,一所学校的课程建设,应立足于本校优秀传统文化以及在此基础上的已有课程建设实践,同时应积极与兄弟学校进行交流,吸收、借鉴兄弟学校的有益做法和经验,为我所用。总之,学校文化创新将为课程建设提供品质好而丰富的文化资源"富矿",当然,也因此规定了课程建设的价值目标必须与学校文化相向。

(2019年12月8日)

校园与校园文学

文学即人学,即生活。校园文学优秀作品的产生需要自由、宽松的环境。这样的环境是由内而外、内外一致的,也就是校园的宽松气息和环境与师生内心自由的心境同时存在、相辅相成、相得益彰。这是作为青少年儿童放飞生命、充满生机、丰富多彩、色彩斑斓的校园的天然禀赋。然而,我们目击的许多校园的"面目"并非如此。

在高考指挥棒下,在考试教育引领下,家长、社会的教育焦虑导致的学生的、教师的、学校的焦虑,炙烤着本应该绿草如茵、风和日丽的校园。"一切为了考试"催生了"一息若存,希望不灭""提高一分,干掉千人"……这样的校园生存状态、环境氛围,严重地扭曲了教育教人做"人"的真谛,与文学是人学——人性之学——背道而驰。

当然,常常有学校会以师生获奖的一两件文学作品表明本校校园文学的"不灭"或繁荣。这能说明问题吗?

校园的主体是学生,学生与学生、与老师、与家庭、与社会,构成了以学生为主角的丰富多彩的校园生活。而学生是受教育者,因此,以校园生活为题材的文学作品,引导学生从校园出发认识社会,发挥校园文学在学校中的教育作用,这是校园文学的主要任务,也是校园文学的功能作用所在。

校园文学一般是指人们在学生时代创作的文学作品,或者通过校园生活反映社会人生的、主要为学生欣赏和接受的文学。如果仅仅以偶尔的师生文学作品,或以并未反映校园生活的文学作品,甚至无以教育师生的文学作品代表校园文学的存在、发展,显然是不妥的。

校园文学是校园生活的反映。在我们鞭挞眼下校园的"扭曲"不利于健康的校园文学产生的同时,我们更加热切地呼唤健康的、给师生以教育和滋养的校园文学的兴盛。

作家范小青在2020年南京跨年诗会上说"时代的裂缝中,就有文学的种子"。

生活孕育文学作品,时代催生文学作品。我们的每一所学校、每一位老师、每一个学生都有自己的个性化的生活,都有自己的社会联系。因此,尽管当下的校园生活与应然的校园生活几乎背离,而就是这种背离也是一块产生优秀校园文学作品的沃壤;无论学校、还是老师和学生都应该有文学的情怀、文学的熏陶、文学的生活,否则,学校就不足以称之为学校了。

学校是天然的文化机构。作为文化机构的学校,其文化的底蕴、积淀、品质是不能没有文学、校园文学滋养、涵育、支撑的。校园文学当然也是学校文化的重要支撑、特色或亮点。比如,有不少学校就是以诗歌教育为特色的。更有必要指出的是:文学即人学,文学是涵育人性的;教育的根本任务是人性的养成,而教育最为重要的目标是:让学校成为人性飞扬的地方!

为此,我们可以说:校园无处不文学,校园不能没文学!

(2020年1月11日)

课本里的中华传统文化

在人类文明发展史上，迄今没有中断过的唯有我中华文明。而中华优秀传统文化是流淌在绵延数千年中华文明"血管"里的血液！中华优秀传统文化凝聚过往、推动当下、昭示未来，为人类文明发展做出了伟大贡献，不仅推动了中国历史文化进程，而且影响了世界历史的发展。因此，作为在中华优秀传统文化熏染、浸润下成长的我们，毫无疑问有责任、有义务传承好、发扬光大好中华优秀传统文化，为中华民族的复兴和长远发展作出应有努力。

教育是文化的生命机制。学校是传承中华优秀传统文化的主要场所。学生是传承中华优秀传统文化的主体力量。课程是教育的本质、素养的跑道，教材（我们通常称之为"课本"）既是课程的内容载体，也是文化载体，因此，教材是承载中华优秀传统文化的主要载体。落实《关于培育和践行社会主义核心价值观的意见》《关于实施中华优秀传统文化传承发展工程的意见》要求，增强中小学生对于中华优秀传统文化的亲近感、感受力和理解力，为他们烙上"中国底色"，根据教育部《完善中华优秀传统文化教育指导纲要》，依据统编版语文教材，通过延伸、拓展和挖掘等工作，向中小学生呈现教材里蕴含的中华优秀传统文化,是促进语文实用目标和文化目标同时实现的重要而有效的途径。

"语文是最重要的交际工具,也是人类文化的重要组成部分。"语文课本是中华优秀传统文化的富集之地、珍藏之所。中华优秀传统文化像珍珠般散落在语文课本的各个角落,有的一瞥可见,有的需要仔细寻找。紧贴课本里某些篇目的内容,从原文中提取中华优秀传统文化要素,将课本中的那些"珍珠"串联起来,再链接到中华文化的宝库之中,为中小学生展现一幅徇烂多姿的中华优秀传统文化"全景图",让他们从中逐步认识到自己从何处而来、将向何处去,坚定他们身为中华儿女的自信,做到不忘本来、吸收外来、面向未来,对于中华优秀传统文化传承发展将是一项具有重大价值的工程。

立足课本,弘扬中华优秀传统文化,应遵循中小学生的认知规律。注重系统性、文学性、知识性、可读性和趣味性等方面的统一,体现以生为本、循序渐进、学导结合、知行并进的原则。同时,努力做到使中华民族最基本的文化基因与当代文化相适应、与当代社会相协调,展现中华优秀传统文化的创造性转化、创新性发展、与时俱进的生命力。

立足课本,弘扬中华优秀传统文化,应注重实效性。应与统编语文教科书同步,汲取中华传统文化精华,紧扣中小学生应知应懂的文化常识;从课本中来,再回到课本中去,帮助学生更多更好地了解中华文化、理解中华文化、热爱中华文化,增强文化自信,自觉传承、光大、传播中华优秀传统文化。

  立足课本,弘扬中华优秀传统文化,应该是语文老师的自觉意识、语文教学的基本任务。

(2019年6月29日)

学校特色·武术课程·文化传承

　　研讨交流小学武术课程建设与传统文化的创新传承，是弘扬学校体育特色、推动学校武术教育教学、让小学生亲近中华优秀传统文化、培育学生发展核心素养的需要。

　　一是学校特色从何而来。大多数学校十分重视特色建设。我们经常会听到关于学校特色一个、两个、甚至更多的介绍，如是，则基本可以判定，这个学校其实没有特色，或者特色不明显。没有特色或特色不明显，表明学校还没有形成自己的文化，或者学校积淀的文化还不那么深厚、底蕴不够。那么，学校特色从何而来？

　　特色是事物所表现的独特的色彩、风格、特征等，是一个事物或一类事物显著区别于其他事物的风格和形式。特色是由事物赖以产生和发展的特定的具体的环境因素所决定的，是事物独有的。学校所在环境中产生的特有的显著区别于其他的，才能谓之特色。如果说，学校的特色是学校的气质的话，那么，师生言行的特征和风格（气质）正是学校特色的反映。也就是说，学校的特色不仅仅外显于艺术、体育和理科、文科等学科类的荣誉、成绩上，也不仅仅反映在学校的设施设备、环境设计的丰富新颖上，而且表现在这两方面的内涵与无形之中;特色因循了师生成长的需要、浸润了学校的教育理念。学校特色不能"见物不见人",而应是"人在其中央"。

那么,一所学校,特别是办学历史不长的学校如何才能较快地形成特色?实践表明,弘扬体育文化,是学校创建特色、进一步积淀文化的捷径。每一个体育项目都有自己的器材、规则和特定的精神价值,即文化特质。如果学校把这种文化特质研究透了、把握住了,并使之外化为校园环境和氛围、内化为师生的精神和气质,那么,学校有文化底蕴的特色也就形成了。特色是由一定的文化涵育而成的。学校特色应该是学校文化皇冠上的明珠。

二是武术课程如何建设。课程是关于教育目标、教学内容、教学活动方式的规划和设计,是教学计划、教学大纲等诸多方面实施过程的总和,是素养的跑道。课程包括个性化的教学内容设定(如教材等课程资源)、实施的制度性安排(如课时要求、教学常规等)以及价值目标(如个性而全面发展等)。因此,课程同样是一种文化的集合体,是学校文化的重要载体。

武术是中小学体育学科的重要内容。武术在体育概念下只是一个运动项目,但是,当它进入校园,成为中小学生的体育内容时,它的课程化要求也就同时被提上了议事日程。

我以为,武术课程建设需要把握这样几个要点:第一,明确武术课程目标。就是为什么要建设武术课程?是为了发展学生体育核心素养,还是为了传承武术文化,还是两者都要。第二,架构武术课程体系。就是要构建武术课程框架,还要不断丰富、充实武术课程内容等,即课程资源。第三,实施武术课程。我们常常听说,我校开设了什么什么课程,但何以见得?因为,有课程就要实施,实施就要进入课程表,要有教材、器材、场所等资源,要有教师,要有课堂教学,要有相应的评价,等等。

三是武术文化如何传承。总体而言,成为体育教育教学内容、并课程化了的一个个体育项目,无论是传统的还是现代的,无不具有自己的文化特质。由此,决定了学校特色建设过程中体育的独特魅力,还决定了体育课程实施中体育教学文化的丰富多彩。

文化不一定表现为课程,但课程的深处一定是文化的。课程文化是学校文化的重要组成部分。因此,武术课程的建设,客观上就为传承武术文化奠定了基础,使得武术文化传承、发扬光大成为可能。

中国武术是中华民族传统文化的瑰宝,上武得道,平天下;中武入喆,安身心;下武精技,防侵害。这是一个普罗大众都可以修习的项目,更是青少年学生可以通过修炼获取多方面益处的项目。因此,创新传承武术文化,首先是武术项目要进学校、进课堂,要针对青少年学生特点进行适宜性改造,才能成为课程;要建设武术课程教学文化,就是促进武术课程建设和实施的文化,其中主要包括武术课程建设和实施需要的物质支撑、制度保障、价值引领。课程教学文化是学校文化的内核。只有建立在课程教学文化基础上的学校文化才有发展张力。由此可见,武术课程教学文化对于学校文化建设、武术文化弘扬意义非同一般。

(2019年11月27日)

文化规制下的课堂教学

有研究认为,课堂教学文化具有渗透性、整合性、稳定性、发展性、民族性等特殊性。我们在充分认识课堂教学文化特殊性的同时,还应探究它与社会文化的关系,即课堂教学文化产生的"土壤、阳光、空气"是什么?也即课堂教学文化建设的规约是什么?以寻得课堂教学文化建设的基本遵循。因为,"教育生于文化、长于文化;文化特别是文化传统制约着教育的全过程。"文化视域里的课堂教学无法回避主流文化的规范和制约,而这些规范和制约又是由课堂教学文化的特点及其功能招致的。

一、文化传统规定了课堂教学形态

课堂教学文化是整个社会文化的子系统。由于课堂教学的特殊使命,使得自己无不时刻都处在社会文化的"控制"下,需要遵循社会主流文化的要求,实施教育教学。这样的"从属"地位,使得课堂教学不仅在内容上必须"遵从旨意""照本宣科",而且在外在的教学组织形式、教学物理环境的布设格局上,也必须"听从"旨意。这在我们自古至今的教室里的课桌椅"排排坐"的格局中，就足见主流文化的"威力"：皇权思想、俯视"苍生"、普天之下皆黎民；课堂上，老师的主导过度、师道尊严、传导授业解惑……主流文化或传统文化中的主导成分无不决定了课堂教学的具体形态。

小班化、组合式课桌布局等尽管还不具备扭转乾坤力量的课堂教学形态的种种改革尝试，都是对于这种规制的"反叛"。

二、文化发展规定了课堂教学内容

文化的稳定性相对于文化发展而言是暂时的，文化发展是文化的本质属性。文化发展是人类社会发展的必然，是与人类社会发展同步的。人类在任何一个发展时期积累的文化成果，除了不可抗因素或刻意的人为因素，无不较为及时地成了课堂教学的内容。这既是人类文化传承、发扬光大的需要，也是人类社会在此基础上获得进一步发展的需要，也是唤醒教育者和受教育者积淀新文化、创新文化发展新路径的主动性和自觉意识，以引领人类可持续发展的需要。这就是我们今天为什么要继承和弘扬中华优秀传统文化的原因所在，就是在中国特色社会主义现代化建设进程中推进全社会"大众创业、万众创新"的初衷所在。可见，文化发展的要求规定了课堂教学的具体内容，而课堂教学由此成为"见微知著"的宏大事业。

在课堂教学中，还同时存在显性文化与隐性文化，特别是反映主流文化价值要求的显性的学校文化、教师文化(学校的主流文化)与属于隐性或叫做亚文化的学生文化的存在,这同样是对于这种规制的"反抗"。

三、文化主体规定了课堂教学主体

人类是"宇宙的精华,万物的灵长"。人是文化的产物,创造并积累了文化,同时为文化所创造。文化的主体是人。课堂教学的主体也是人。此人、彼人是同一类的人,同属创造文化之人。尽管课堂教学从组织形式到内容等有自己的文化特殊性,但同样都是人的造化。文化主体的这一特点,规定了课堂教学的主体毫无例外地是人。人是课堂教学的主体,作为人的教师是主体;同样,作为人的学生也是主体。物化环境是主体创造的文化载体,是主体用以传递、传承、创造文化的工具,显然无以为主体。由于课堂教学的双主体性质,决定了课堂教学主要由教师和学生共同构成。单一主体无以构成课堂教学。

在课堂里,教师或学生只能称之为单一的文化存在。从传递、传承、创造文化的角度讲,课堂教学文化是师生、生生之间及其与课堂环境里的其他存在物之间相互作用的结果。可见,在课堂上,老师和学生既是文化的主体,又是课堂教学的主体。

(2017年10月28日)

教科研于学校文化变革的作用

探讨教育科研与学校文化变革的关系,目的是就教育科研与学校文化变革的关系形成共识,促使教育管理者、校长和教师充分认识并发挥教育科研在引领学校文化创新、推动学科文化建设、激发课程文化自觉等方面的功能和作用。

教育科研是运用科学理论和方法研究教育现象、探索教育规律,寻求解决教育面临问题新思路、新方法的创造性认识活动。

学校文化是学校全体成员在教育教学和管理实践中逐渐积累、共同创造生成的价值观念、思维模式、行为方式及其活动结果的总和。学校文化以具有特色的学校精神、学校制度和物质形态为表现形式,影响和制约着学校全体成员的思想和行为。学校文化是一种集体人格。

教育改革发展的过程就是教育文化发展的过程。伴随我国改革开放更加全面深入,不同特质文化的相互碰撞将日趋激烈,教育文化日益走向开放、多元、包容和创新。因此,作为教育文化重要组成部分的学校文化的发展变化势所必然。在这样的背景下,中小学校应坚定文化自信,坚持培养德智体美劳全面发展的社会主义现代化建设者和接班人的价值取向与目标追求,积极探索新的学校办学管理与教育教学模式,即进行学校文化变革。

学校文化变革是对于已有学校文化进行的完善、发展和革新,甚至是再创造。学校借助教育科研,不仅将找到变革学校文化的适切的手段、方法和路径,而且将彰显学校文化变革在学校发展中的综合效应,还将彰显教育科研对于学校品质和发展水平提升的独特作用。教育科研的这些效应和作用,简要地讲,有以下几个方面。

一是有利于认识学校文化发展的基础和起点。教育科研是以教育理论为武器,有目的、有组织、有计划、连续和系统地对教育问题进行探究的活动,其宗旨是把握教育本质、发现教育规律。教育科研有助于学校了解自己的历史、所处的政治、经济、社会、文化和生态环境,认识学校文化变革面临的机遇与挑战,了解学校全体成员的身心特点、文化背景、社会环境等一系列现实状况,为规划适合校情的文化发展提供依据。

二是有利于保障学校文化变革卓有成效。文化变革的最关键因素是人。变革学校文化的主体和依靠力量是广大教师。而教育科研是促进教师发生变化的上乘选择。教育科研将促进教师思维方式的变化。在科研活动中,教师获得新的教育观念、拓展视野,奠定教育教学行为变革的基础。教育科研将促进教师行为方式的改变。在教育科研的方法和思维训练影响下,教师的教育教学活动更具系统性、科学性和目的性。教师自觉、自为的思维和行为方式变革是最具生命力和效力的,是促进学校文化变革最关键的因素和可靠保障。

三是有利于建立新颖人际关系和组织文化。教育科研需要进行合理的分工和协作,需要调动各种要素相互合作、共同实现目标。在此过程中,校长与教师、教师与教师、教师与学生之间,各种不同角色主体需要相互配合、积极沟通、平等合作,形成科研共同体。这在无形中促进了学校平等合作的人际关系与组织文化的形成。

四是有利于促进教师增强创新意识。没有教育的创新就不会有创新的教育,因此,增强创新意识应该是学校文化变革的基础条件。教育科研作为一种创造性的认识活动,本质上就是一个引导人们不断开拓新视野新领域、运用科学方法和手段获得新成果的过程。在这一过程中,教师不断地打破陈规、迈向新境界,创新意识势必不断增强。而创新意识是学校文化变革至为宝贵的东西。

五是有利于引领学校文化特色形成。一方面,教育科研是一个不断基于现实而又创造现实的过程。通过教育科研不断解决学校办学中遇到的问题,变革旧有办学模式,这是教育科研基于现实的一面。另一方面,教育科研在学校特色形成过程中,能够帮助我们不断发现并解决新问题,正确定位、找准方向、面向未来、寻找突破口,引领特色发展,这是教育科研创造现实的一面。正是在不断解决问题的过程中,教育科研促进了学校文化变革、引领了学校特色发展。再一方面,学校的教科研客观上也是学校的文化建设活动,因此,引领学校变革、学校文化特色形成的教科研天然地成为学校文化的重要组成部分。

　　教育改革发展是教育主动回应政治、经济、社会、文化和生态发展的需要,也是教育文化自我丰富发展的需要。学校文化变革是教育改革发展、教育文化变革的题中之意和重要方面。校长和教师都有责任和义务,以教育理论武装自己,积极参加教育科研活动,为学校文化变革提供智力支持和行动改变。

(2018年11月1日)

第六编
学科育人的意义和路径

新课标新教材实施的基础工作

落实《国务院办公厅关于新时代推进普通高中育人方式改革的指导意见》(以下简称《指导意见》),提高普通高中学校新课标新教材实施水平,需要一线老师扎实做好三项基础工作。

一是研读课标。去年初,普通高中新课程方案和各科新课标正式颁布。这标志着我国基础教育课程改革进入了一个新阶段。新阶段必然有新目标、新任务、新要求,而这些都在新课程方案和各学科新课标中得到了充分反映。课标是国家意志,每一位老师都应把课标要求烂熟于心并无条件地执行。

而实际情况表明,有不少老师只重视课本、教材,几乎不读、或者忽视、甚至轻视课标。学科教育并非仅仅强调知识的传授及其运用,还有过程与方法的把握以及伴随其中的情感态度价值观的培育。这些要求,在课标中是十分明确而又具体的。课标是教材编写的依据,课标是本、是源,教材是末、是流。新课标还明确了各学科的核心素养内涵,学科教学要落实核心素养要求,为发展学生核心素养服务,赋予学生终身发展与幸福的必备品格和关键能力。因此,老师应静下心来研读课标,明确学科教学的方位、出发点和目标,全面认识、理解、把握课标对于学科教学的具体要求。这是用好教材、高质量实施教材的基础和前提。

二是用好教材。课标是国家意志,而依据课标编写的教材显然也是体现国家意志的。教材是实施教育教学的基本依据,是解决好培养什么人、怎样培养人这一根本问题的重要载体,直接关系到党的教育方针落实和教育目标实现。《指导意见》要求:"全面实施新课程新教材。各省(区、市)要结合推进高考综合改革,制定普通高中新课程实施方案,2022年前全面实施新课程、使用新教材。"

面对体现国家意志的教材,应有的态度是严肃认真。教材是教育教学的主要内容,具有特定的价值内涵,不能有任何的曲解和误读。应准确理解和把握教材的政治要求或价值导向、编写原则和总体思路;在教材实施过程中,积极探寻落实本学科核心素养要求的具体环节、方法手段。同时,发扬批判精神、敢于质疑。课程教材改革是辩证的发展过程。在教材实施过程中,一线教师有责任进行审视和批判,促进教材不断完善。

三是立足课堂。学校教育的主阵地在课堂(广义的),主体形式是课堂教学。因此,课堂应该是教育质量提高的重点领域、课堂教学应该是实现质量目标的关键环节。整个教育系统的所有努力,最终有没有成效、成效大小,关键在于老师,根本在于课堂。因此,《指导意见》明确要求:"深化课堂教学改革。按照教学计划循序渐进开展教学,提高课堂教学效率,培养学生学习能力,促进学生系统掌握各学科基础知识、基本技能、基本方法,培养适应终身发展和社会发展需要的正确价值观念、必备品格和关键能力。积极探索基于情境、问题导向的互动式、启发式、探究式、体验式等课堂教学,注重加强课题研究、项目设计、研究性学习等跨学科综合性教学,认真开展验证性实验和探究性实验教学。"

这些都是一线老师们探索实践过的课堂教学方式,但是,做得不够好,特别是在考试教育引领下的高中课堂,并没有持久地、深入地运用。这些实现课堂教学质量提高的具体而基本的教学方式,应该在课堂上常态地、持久地、深入地运用,以承载整个教育系统对于课堂教学的期待。

普通高中课程新方案、新课标的颁布、新教材的使用,为新时代普通高中育人目标的实现提供了蓝图、铺设了轨道,但其中各项要求的落实、任务的完成,需要一线老师既锚牢基础又开拓创新,既积极主动又扎实有效的工作。

(2019 年 11 月 27 日)

核心素养与学科教育变革

本届江苏省中学数学高级论坛的主题是"大观念·大主题·大单元",论坛将围绕这个主题进一步探求数学学科核心素养落实更为有效的路径。学科核心素养的落地、学生核心素养的形成,仅仅有学科知识传授、技能赋予的技术层面的努力是不够的,还需要有针对中学数学学科特点的全局的、整体的、系统的教育教学设计。

一是落实核心素养变革教学设计。教学设计是教师的基本功。学科核心素养的提出,标志着学科教学目标的提高,如果依旧用让学生逐个了解、识记、理解知识点等方式方法已经不能实现新目标。新目标要求学生在学习、掌握、运用知识和技能过程中自我建构知识体系,要求强调知识的理解和应用,重视知识之间的联系与运用,并持续地、正确地解决生产和生活中的问题。应该说,学科核心素养的提出倒逼着教学设计的变革,要求教学设计从设计一个知识点、一节课转变为在某个大观念统领下,反映一个或几个主题的大单元设计。也因此,"大观念·大主题·大单元"的教学设计,近些年来开始成为实践和研究的热点,当然也已成为一线教师面临的新课题。具体如何设计,一线老师已经有很多很好的实践和相应的经验积累,应该充分交流实践与研究的成果和体会、经验和教训,以相互启发、取长补短、相得益彰、共同提高。

二是从数学教学走向数学教育。任何学科都是一个相对独立的知识体系。数学在以适合青少年学生身心和认知发展的独立知识体系成为中小学的一个学科后,特别是在我国长期以来的"考试教育文化"引领下,数学学科是偏重教学,即重视数学知识的系统学习及其运用(比如解题技能),而忽视、甚至轻视数学教育,即轻视、忽视数学学科发展的历史与文化及其相应知识内蕴的价值对于学生心灵的浸润、人格的塑造、精神的引领。如果一个学科只重视学科知识的传授及其运用技能的赋予,那么学生素养的发展必定是不全面的,也因此,学科在立德树人根本任务落实中的独特使命难以完成好。而落实核心素养要求的"大观念·大主题·大单元"的数学教学设计,将使得数学教学走向数学教育成为可能。

三是积极创新数学教学文化。试图通过"大观念·大主题·大单元"数学教学设计,从数学教学走向数学教育,是一幅美好的蓝图,但是,实现真正意义上的"走向",还需要进行数学教学文化的创新。"数学承载着思想和文化,是人类文明的重要组成部分。"所有的教育教学活动都是文化活动。数学教学自觉不自觉地传承并光大着数学文化。而当下"为考试而教"的数学教学现状,严重地扭曲了数学文化发展的路径、影响了数学文化的传承。摆脱这种状况,迫切需要改造、创新数学教学文化。如果说"大观念·大主题·大单元"的数学教学设计,使得从数学教学走向数学教育成为可能,那么,使得这一可能成为现实的途径是:学校应建立保障这样一种"设计"真正实施、持续实施、有效实施的现代教学制度、环境氛围和精神引领。再往大处说一点,还有赖于整个教育文化、社会教育文化的改造。

(2019年9月18日)

学科教学研究基地的目标任务

近些年来，教育部基础教育课程教材发展中心在全国各省市区设立了数量不等的学科教学与研究基地。比如，在江苏省就有小学与初中的《道德与法治》、高中的《语文》《物理》《地理》等5个基地学科。设立学科教学与研究基地的目的很明确，就是利用各省市区现有基础实力雄厚的中小学的某一学科，依据国家新课程方案和新课标要求，不断深化相应学科的课程教学改革，积累经验、把握规律，引领全国范围相应学科教育质量和水平的提高。

可见，建设学科教学与研究基地是推进学科教育改革持续深化的重要抓手。为此，为切实完成好教育部基础教育课程教材发展中心委托项目《普通高中基于语文学科核心素养的深度教学改进》的相应工作，江苏省因势利导，依据学科基础条件，遵循点面结合原则，经有关设区市教科研机构推荐，确认公布了5所普通高中学校和2个县级教师发展中心，作为省级普通高中语文学科教学与研究基地。建立语文学科教学与研究基地的目的是通过基地示范引领作用的发挥，促进江苏全省普通高中语文学科教育质量水平的进一步提高。

学科通常是指人类知识的分支或一定的科学领域，也指教学科目或教学内容的基本单位。实践和理论都表明,学科在实现教育目标过程中具有特殊的地位和作用。

对于中小学来说,学科是以知识系统为表征的学科课程。在今天特别强调学科育人、学科核心素养培育的时代要求下,学科课程建设显得尤为重要。学科课程育人作用的发挥,前提是要建设好学科。学科建设的基础在于科学研究的成果及其所呈现的学科知识体系。当然,学科知识体系一旦要进入教育内容时,必须经过适宜性加工,使得学科知识的内容及其呈现方式符合教育规律和学生身心发展特点,即符合育人的要求。就普通高中学校而言,伴随个性化、多样化、特色化发展要求的提出,重视学科建设,打造学科特色、彰显学科优势,既是顺势而为,也是实施学科育人、实现品质化发展的需要。

为此,研讨普通高中基于语文学科核心素养的深度教学改进问题时,首先要明确学科、学科课程建设、学科育人的意义和价值所在,其次应明确语文学科教学与研究基地的目标任务,进而积极探索实践发展学生核心素养的语文学科的深度教学改进。

一是成为国家课标执行的引领学科。国家课程标准是国家的意志,是国家对于学科教育的基本要求。应组织学科老师研读课标、全面领会;全程对照、正确方向;认真总结、深化落实。

二是成为学科教研工作的创新基地。创新教研工作是达成学科育人目标的需要。基地学科应总结已有实践、不断改革完善；立足区域或学校特点、创新教研方式与方法、途径与手段等。

三是成为学科课程建设的先进学科。课程是学科知识体系及其承载的价值观的渊薮。基地学科应建设校本课程，努力实现国家、地方课程的校本化，丰富课程资源、适应学生发展需要。

四是成为学科教学改革的先导学科。课程教学实施中，重点的突破、难点的解决、教学方式方法手段运用状况如何，直接关乎学科教育教学的质量、效率和效益。基地学科应率先深化学科教学改革、兴利除弊，实现学科教育目标。

五是成为学科育人实践的示范学科。学科育人是学科课程实施的首要目的。强化学科育人意识，明确显在的育人内容，着意挖掘以往被忽视、轻视、无视的潜在育人内容，注重发挥学科文化的涵育功能。

六是成为学科文化建设的榜样学科。学科文化是学科的灵魂，是学科发展的历史积淀、内在动力。基地学科应借鉴普通高中课程基地建设的经验，吸取其教训，从学科自身特点出发，建设具有校本或地域特色的学科文化。

(2019年6月13日)

学科育人：榜样与行动

全省中学物理教育学术年会年年都开，年年都有特点。而今年的这届年会，却有别样的精彩。年会将研讨南京师范大学刘炳昇老师中学物理教育思想，领略他在中学物理实验教学方面的杰出贡献，感悟他因材施教、提携青年才俊的师者言行，学习他谨言慎行拘小节、从不记学生小过节的仁者胸襟。这样的安排，是年会组织者用心良苦：看到了中学物理教育领域既存的问题和误区。问题解决急待良方，走出误区急待正确引领。而刘老师中学物理教育思想正是这样的良方和引领。

刘老师是我熟悉与不熟悉的南京师范大学众多优秀的、知名的、有杰出贡献的老师的代表。作为南师大的学生，坦诚地说，由于专业的不同，在校学习期间和工作后的很长一段时间里，我不认识刘老师。有幸的是，2004—2007年，我在江苏省教育厅所属的省教育装备与勤工俭学管理中心任职，在工作中认识了刘老师，并逐步了解了刘老师在推进全省中学物理实验教学、带领自己的团队引领中学老师自制物理教具、学具方面的作为、成果和贡献。在最近几年的全省中学物理学科的许多活动现场，我每每能遇见刘老师，常常聆听到他既宏观大气又细致入微的点评。他点评老师上的课,没有一个批评的字眼,但在柔和语调中的善意建议及其弦外之音无不让人悦纳、默然顿悟。拥有深厚学养的刘老师,对中学教师充满了关爱。

对于自制教具、学具,我迄今的认识还是:不仅仅是穷国办大教育时期必须的,即使在今天、今后,同样是必须的,它不是一个省钱的问题,而是培养学生综合素养、实践精神和创新能力的必由之路。刘老师秉承"瓶瓶罐罐当仪器,拼拼凑凑做实验"的传统,几十年如一日,凝练自己的实验设计思想,挖掘实验教育功能,开发并动手制作了许多精美的低成本实验教具,而在使用这些教具进行的发掘之深、联系之广、令人叹为观止的实验中,可以清晰地看到刘老师已经形成的具有自己风格特点的体系化的实验教学思想。

深入研讨、学习刘老师的中学物理教育思想已经是当务之急。因为,当下的中学物理教育,由于考试教育的引导,只重视知识和技能的传授,只能称之为"教学",物理学科的"教育"功能已经衰退。而作为物理学科的老师,需要有刘老师宽厚对待自己学生、中学教师的仁者胸怀,需要有刘老师寓育人与教书之中、润物无声的教育艺术,需要有刘老师严谨治学、开拓创新、提携后昆、精心育才的导师风范。在这些方面,值得我们每一位中学物理老师引以为楷模并有所作为。

研讨的目的在于领悟,学习的目的在于运用。学习刘老师的教育思想,就是要用刘老师的物理教育思想指导中学物理教育实践,促使我们的中学物理教师真正成为教育者、教育家,而不仅仅是教书匠;同时,努力探索物理学科核心素养落地的科学而有效的途径,实现学科育人的目的。

(2018年12月10日)

把握教材：立足点、重点和难点

组织学科教材培训、专题教学研讨，是江苏中小学教研工作的一项制度性安排。教材培训是实施学科教育教学最为基础的工作，有利于提高一线老师的教材把握水平，突出教材重点、突破教材难点，借此推进教研转型、深化学科课程教学改革，提高学科教育教学质量。那么，一线老师如何把握好、驾驭好教材，不断提高学科教育教学质量？我认为，以下三个方面是基本要求。

一是立足课程标准，用好教材。在具体的学校场景中，教师之间、教研组活动中讨论对象一般以教材内容为多，能够首先研读课标，并以此观照朝夕相处的教材的则不多。我们的老师大多以教材为本、为纲，视教材为"拐杖"，离开了教材恐怕也就无法实施教育教学了。课标是国家的意志。它规定了学科的性质及其目标和任务、实施原则和方式方法等等。教材则是课标目标达成、任务完成的载体，是反映课标原则和规定性要求的体系化了的内容，但无法承载课标的全部要求。因此，研读课标，我认为最大的利好在于：在了解把握原则性既定性要求和规范的同时，可以发现课标留给我们的除教材以外又与教材有联系的空间，这些空间就是可以将国家和地方课程校本化的空间,也是可以建立独具特色的校本的、师本的、生本的课程的空间。这应该是用好教材、创新教研工作、深化课程教学改革的需要和路径所在。

二是立足教材整体,把握重点。教材是课程的主体内容和重点,是课程实施的主要蓝本。当然,教材不是课程的全部。不过,每一学科的教材,直至每一册教材都必然有其重点,这是客观的。而基于每位老师对于教材的把握,又有每位老师认为的重点,这是主观的。当然,我们完全有理由充分地相信,每一位老师主观上对于教材重点的把握与客观上的教材重点的存在,总体上应该是一致的。这是实施学科教育教学的基本前提。否则,一所学校、一个学科的教育教学实施,特别是进度上就可能参差不齐,就会影响整体的教学秩序和质量。但是,我们不能只要整齐划一的教学进度,而是还要立足本学科教材的整体,尊重每位老师把握教材重点有差异这一客观存在,赋予每位老师自主地、基于学生具体状况实施教育教学的权力:在依据教材实施教育教学的过程中,协调好客观重点与主观重点(客观存在)以及不同学生需要把握之重点(主客观统一的存在)的关系,借助现代技术(多媒体、互联网、大数据、人工智能等),或大单元教学、先学后教、整本书阅读等教学方式的协同运用,使得这三类重点蕴含的知识、技能都能为每个学生所掌握,促进每个学生在此过程中逐步形成积极的情感态度价值观。

三是立足全体学生,化解难点。无疑,学科内容的重点往往就是难点,难点也往往是重点所在。而对于难点问题的处理，事实上要难于重点问题。因为，不同基础水平的学生各有各的难点。因此，在突破学科教学难点问题时，需要同时考虑学科知识链中对于每个学生都客观存在的普遍性难点、不同学生面对的个性化难点。突破难点的困难在于：在有限的时间和空间内普遍性的难点问题可以做到高效率的解决，个性化的难点问题则不可能在有限的时间和空间内与前者同时解决。不可避免的情况是，对于某一个学生来说，常常会因个性化难点问题没能得到先期解决，影响了他（她）面临的普遍性难点问题的解决，陷入"积重难返"的境地。对于这类学生，在一般情况下，特别是在大班额的背景下，估计大多数老师是心有余而力不足。因此，我们面临如何科学有效化解普遍性难点与个性化难点的高难度问题。办法似乎很多，又似乎不多。课内、校内补差补缺，时间不够；课余吧，学生太多。但似乎从已有的实践中可以取得一法：借鉴解决重点问题的办法，立足全体学生、统筹一学期或一学年甚至更长时间的教学内容安排，分析学情、分层编组、分层施教（类似于复设班），寻求同一时空下不同学生面临的不同难点和共同难点的化解。

（2019年4月11日）

驾驭教材的境界

围绕教材编写思路、教材解读、苏教版与统编教材衔接建议、课堂教学观摩研讨等方面，组织统编教材培训是十分重要和必要的。而其上位的要求，即国家语文、历史、道德与法治三科教材统编的目的、意义、价值等基本问题，需要一线老师和教研员们牢记于心、落实于行；同时应指导老师们认真研读课标，准确把握本学科在培养中国特色社会主义建设者和接班人整体构架中的定位、目标任务和实施的方式方法路径等。在此基础上的培训，我认为重点应落在全面把握教材上了。

今天的教育是从传统中走来的。传统意义上的教育，特别是师傅带徒弟阶段的教育，没有课标、也没有教材，课标在心中，教材在脑中、在生产生活实际中。伴随科学技术的发展及其相应知识体系的逐步形成以及民族国家的出现，逐步提出了实施教育需要依据的标准和内容要求，并进一步具体化为体现特定要求的课标和教材。由历史看来，实施教育，似乎可以没有教材，也可以只有一种教材或多种教材（一纲多本）。

而今天的教师，面对的是留白的课标和教材以及其背后浩如烟海的知识。因此,对于教师全面把握教材的要求,我理解为:教师应该将本学科教材的内容及与其相宜的方式方法手段了然于心,届时能够信手拈来,同时能够广纳与教材实施相关的知识等并能根据需要及时呈现。进入了这一境界,才可谓全面把握了教材。

也就是说,课标与处于其下位的现行教材之间还有很大的空间,现行教材没有也无法穷尽课标要求的全部;或者说,任何一种教材都没有这样的可能与能力反映课标的全部要求,教材反映课标价值目标要求的能力总是有限性。而恰恰是这样一种格局,为老师们提供了挥洒自己素养、能力和知识储备的机会。能否认识到这样一种格局的存在及其空间大小,并恰如其分地挥洒自己,是优秀教师与普通教师的"分水岭"。而这也应该是全面把握教材的又一重境界。

当然,在全面把握、具体实施教材时,我们无不十分重视教材的科学性要求并能够努力自觉遵循和落实。因为,科学性强调的知识及其体系性仍然是目前考试招生等制度的主要价值追求。针对这种状况,需要强调的是,全面把握教材,既要把握并落实好教材的科学性要求,还应该把握教材的本质属性——教育性,否则,我们就无法跨越"知识中心"的泥淖,只能造就为"全世界打工的打工仔"。

综上所述,教育培训,特别是教材培训,是一次学习,更是一种责任、一种使命。参加新教材培训,是为了领会国家意志的新的具体要求,参加培训的我们,特别是每位老师都应忠实地不折不扣地执行国家意志,把科学性和教育性和谐统一于具体的教材实施过程之中。

(2019年6月13日)

二次备课的效能

组织小学体育与健康课程二次备课优秀课例展示评比活动,这在多年来的江苏省级教研活动中是不多见的。一般而言,面向一线学科老师的省级教研活动,以围绕某个主题的专家报告、研讨交流、课堂展示为多。把教研活动的触角前延到教师的备课,并着力在二次备课上,这是体育学科教研领域的拓展,是真正意义上的教研。

可能有人会问,省级教研部门直接进入备课领域组织教研活动,行倒是行,是否会有失主次?我们的回答是:不会。省级教研部门的基本职能定位是:研究、服务、指导。研究,就是要立足国家和地方经济社会发展大局,研究教育改革发展方针政策在学科教育教学领域的落实,研究适应落实要求的学科教师专业发展、学科教育教学质量提高的有效途径;服务政府和教育行政部门教育教学决策,服务基层教研部门、学校和教师;指导基层教研部门、学校开展教研活动。因此,省级教研部门组织的教研活动应该是在履行其职能。而这样一种履职的特点是示范引领,就是设计组织一些教研活动,借以告知基层教研部门和学校,教研活动应该做什么?怎么做?当然,省级教研部门的教研工作不可能面面俱到、无所不及,而是有重点、有方向性的。以此来衡量小学体育与健康课程二次备课优秀课例展示评比活动,就是一个具有方向性的教研活动。它告诉我们,教学研究、教研活动应该关注教师专业发展的所有环节,尤其是基础环节,要夯实基础、并不断加固基础,而不是好高骛远、建空中楼阁。

对于事物的认识,总是随着事物发展的实践深入逐步深化的,总是遵循"认识—实践—再认识—再实践"这一基本逻辑,并在这个过程中同时提高认识和实践水平。备课是上课的前提性工作,备课是老师的基本功,备好课是上好课的前提。备好的一堂课的教案经过课堂的检验,发现不足、遗漏、冗余之处,课后及时加以弥补和增删;同时,进一步研读课标、研究教材、了解学情,对照已有教案,发现没有达到相应要求的方面,并及时完善教案、提升教案品质。这就是我们通常所说的二次备课吧。我们认为,这是一个合格老师在备课环节应有的良好习惯,也是一个普通老师成为优秀老师的基础素养。由此,我想起了叶澜教授的一句话,她说:"一个教师写一辈子教案不一定成为名师,如果一个教师写三年教学反思可能成为名师。"如果说二次备课提升了教案的品质、为真正上一堂优质课奠定了基础的话,那么把进行二次备课时的反思记录下来,日积月累,这样的老师也就可能成为名师。如果说组织备课方面的教研活动是为了促进我们老师重视备课、养成备课习惯、提高备课素养,那么二次备课教研活动的开展就可能有一个意外的收获——"造就名师"。

当然,组织二次备课教研活动,除了上述作为二次备课的客观上具备的作用和功能外,我们还要十分注重它的近期效能的发挥。

一是引导、促进小学体育老师在备好每一节课的基础上,以完善教案、提升教案品质为目标,静下心来研读课标、研究教材,规范教学行为。

二是引领、推进小学体育教师落实"强化体育课"要求,努力培育学生体育与健康学科追求的运动能力、健康行为和体育品德等核心素养。

三是发现、培育小学体育教研骨干,建设江苏儿童体育研究核心团队,引领、推进全省中小学体育教育教学研究和实践水平的提高。

显然,无论是二次备课长期效应的形成,还是二次备课近期效能的发挥,都有待每一位老师树立强烈的责任感和使命感,坚守小学体育课堂,潜心研究儿童体育,在备课、二次备课中科学地"预设",在课堂教学中艺术地"生成",不断提高小学体育和健康课的质量和效益。

(2019年9月27日)

课堂品质提升与教师素质涵养

以"涵养基本素质,提升课堂品质"作为今年全省中小学"杏坛杯"青年教师课堂教学展评活动的主题,充分体现了组织者期待青年教师明确课堂教学基本目标和要求的拳拳之心。

素质是一个人在社会生活中思想与行为的具体表现,是指在人的先天生理基础上,受到后天的教育和社会环境的影响,由知识内化而形成的相对稳定的心理品质及其素养、修养和能力。基本素质是主要的素质、根本的即本源的素质,外化于人们的一切言行之中。

具备从事教师职业的基本素质是每一位教师的安身之本、立命之基。因此,作为教师,不仅应具备从教的基本素质,而且应该把涵养基本素质贯穿整个职业生涯。

教师涵养基本素质的目的之一是提升课堂品质。课堂品质直接关乎课堂教学的质量、效率和效益,决定了学科教育质量的高低。

提升课堂品质是教师的不懈追求。课堂品质的提升在于教师着意涵养自己的基本素质,在于教师缔造基础、树立根本的耐力和效果。涵养是一个过程。基本素质的涵养非一日之功。而在日常的学校课堂里,基本素质欠缺问题在一代代青年教师身上不间断地演绎着同样的版本。比如,以本为本、以教定学、仪表不雅、语言乏味、板书呆板、教路线性、学生被动、提问单调、遇难无措、目标单一……不一而足。

课堂是学生生命成长的原野。课堂教学是学校教育的主阵地。适宜学生生命成长的课堂,应该是生态的、自由的、民主的,学生可以在其中吸收新知、交流畅想、申明主张,他们的认知、合作、创新和批判性思维等能力由此得以发展。课堂是如此重要,课堂品质提升是多么必要。

每个人都是塑造自己的工程师。提升课堂品质,要求青年教师在努力避免和解决普遍存在的那些问题的同时,应扎实下好"诗外功夫"。

青年教师应努力培养自己热爱学生的情感、教书育人的兴趣,使得"学生中心"成为无须提醒的自觉;应突破学科局限广泛涉猎,宽厚学识基础;应研读课程标准,明确学科定位和目标、任务与要求,并努力进行校本化、生本化改造;应娴熟教材内容,尝试统整相近、相关内容,以赋予学生系统化和结构最优化的知识;应研究每个学生,尊重他们的差异,欣喜于他们个性习惯的丰富多样;应主动拜师学艺,从模仿逐步走向创新,敢于在不同的课堂情境中挥洒教学艺术,逐步成为"自己";应依据学生认知水平、个性习惯,实施差别化教学,引导他们相互包容、尊重和鼓励,发展好每个学生;应善于把互联网、大数据和人工智能等技术与课堂教学深度融合,提高教与学的质量和效率;应及时进行反思、总结,找寻课堂上教学相长的规律、教学相悖的根源;应敢于不断地设定课堂品质目标,积跬步日日趋近……这些,无不是课堂品质提升所要求的,无不反映了课堂品质提升对教师的要求——厚基树本。

(2018年8月6日)

课堂教学生态建设的意义

课堂教学生态直接影响课堂教学目标的实现。因此，今年的江苏省中小学"师陶杯"教科研论文评选聚焦研究中小学课堂教学生态建设问题是十分有意义的。

一、课堂教学改革是教育改革的主要任务

实践表明，关于教育的所有努力有没有成效、成效大小，取决于教师，取决于教师主导的课堂教学。因此，应始终坚持把改革课堂教学作为教育改革的主要任务。

关于课堂教学改革的观点、经验、做法很多，比如早些年洋思中学的先学后教的教学模式，南通的活动单导学，徐州的学讲计划，盐城的让学引思教学改革，等等。各地都在通过各种各样的办法，改革课堂教学。分析今年江苏省中小学"师陶杯"教科研论文评选活动中获奖的论文可以发现，老师们的论文大多也是从课堂教学的某个角度切入的，说明老师们最关注的还是课堂教学。

而教师们努力地试图改革的课堂教学，虽然取得了不少成绩，但总体上仍然没能完全摆脱传统教学的束缚，科学的

教学观念仍然没有转化为教学管理和课堂教学的实践,改革中小学课堂教学的任务仍然十分艰巨。为此,应加强新时代条件下的课堂教学研究,服务和引导课堂教学改革,促进课堂教学的现代化。

二、课堂教学生态建设是教育改革的本质要求

一般认为,"生态学本质上就是一门关系学",不管是作为日常语汇的"生态"、还是作为一门学科的"生态学",其核心内涵都是关联。那么,怎么样用生态哲学的思维和视角来阐释课堂教学呢?我认为主要应把握三个关键词。

第一,强调整体系统。课堂作为师生互动、信息交流、生命共进的场所,应该是一个和谐共进的"生态系统",必须保持这个"生态系统"的整体"平衡",才能促进课堂的整体和谐发展。比如,2016年英国谢菲尔德汉勒姆大学对上海连续两次获得PISA项目测试全球第一进行评估研究,总结形成了五个方面的上海经验:一是全班互动教学;二是教师在教学中小步前进,灵活运用多种变式策略;三是提高教师的专业水平;四是有良好的生成条件、相应制度和文化环境;五是有系统的课程教材。上海的课程大纲、课本教材、参考资料和练习资料系统性强,学理清晰,变式练习丰富,保证了分层教学的需要。可见,每一项有成效的教学改革必然是一个整体的系统工程,需要方方面面要素的联动,不可能简单地做到一招制胜。

第二,尊重自然规律。夸美纽斯的《大教学论》指出,教育要顺应自然的原则,要顺应人的天性和儿童的身心发展特征展开,不能违背学生自身的发展顺序。18世纪教育家卢梭在《爱弥儿》中也提到,教育的目的是培养自然人,主张自然主义教育。生态视野下的课堂教学,我们更要尊重自然规律,基于学生的身体、心理发展序列与特点,进行有针对性的教学变革。

第三,文化机制联动。课堂教学不是一个封闭的空间,它是一个小社会。从外部来看,课堂与社会环境、社会生活密切关联,社会的制度、文化、价值追求都会渗透进课堂教学的方方面面。新课程改革的先进理念、积极的社会风气、新兴的科学技术等都会给课堂注入新的生机与活力,成为课堂的生态影响因子;而课堂教学内容也无不体现着外部社会的发展进步,反映了外部社会的文化。从内部来看,课堂教学中很多难以变革的问题和障碍往往都能够在文化机制层面找到深层归因。生态视角下的课堂改革要求在内部教学环境和外部社会环境之间形成有机关联,实现课堂内外部的有效合力。

三、从生态视角可以找到课堂教学改革的突破点

用生态学的视角来研究课堂,就是以"关联的方式"来研究课堂。在这种视角下,我认为可以从这样几方面进行突破性研究。

第一,学与教关系的研究。有专家曾经用一个通俗的例子比较医生和教师职业的不同。他说,医生看病总是先问病人有哪些地方不舒服、有哪些症状,然后对症下药。而教师在教学设计的时候,往往都是直接"开药方"、直接进行教的设计,不怎么思考学生的需求和面临问题、需要哪些帮助。"师陶杯"参评论文中专门研究学生学习的论文相对比较少,这说明学生研究视角的缺失。在生态哲学视角下,不仅要关注教师的教,更要关注学生的学,要研究:他们的学习是怎样发生的?什么状态下能够促进学生的学习?不同学生的学习具有哪些不同的特征?怎样促进学生的个性化学习?

第二,课程与教学关系的研究。我们的学校既重视课程,也重视教学,但缺少将课程与教学联系起来的整体研究。我们常讲要转变教学方式,要使得学生从被动接受型学习转变为主动探究型学习,事实上,这种提法是不全面的、笼统的。不同的课程内容,需要不同的教学方式。按照一定的标准,我们可以把课程内容进行知识分类,有事实性知识、技能性知识、策略性知识等,不同的知识应运用不同的教学方式。比如,现在大家比较关注的项目学习,也并不是适合任何知识的学习。有研究表明,事实性知识不太适合项目化学习,概念性知识、策略性知识,包括一些高阶思维、隐性知识的习得更适合用项目化学习的方式。因此,这也解释了为什么前几年我们很多地方都热衷于区域化推进教学模式的变革,但这几年声音渐趋微弱,就是因为大家认识到用统一的教学模式来教不同的知识内容是有其局限性的。所以,从生态的角度来看,课程与教学的改革也必须是联动的。

第三,师生、生生关系的研究。长期以来,大班额始终是我们课堂教学改革中的瓶颈和痛点。实际上,这既是教育问题、也是社会问题。在大班额的课堂上,一个教师要照顾到四五十个学生是一件非常困难的事情。为了更好地因材施教、个性化教学,老师们即使使出浑身解数还是难以如愿。

在生态学观念下,我们可以转变观念,尝试激活系统内的每一个个体。以往我们更多关注师生互动,相对来说缺乏生生互动,学生既是受教育者,也是教育者,可以让他们相互倾听、相互学习。日本教育也同样存在大班额问题,近些年来,日本教育学者佐藤学引领学校开展的学习共同体的研究,就是将课堂中的每一个学生都唤醒和激活;研究覆盖了上千所日本中小学校,取得了令人瞩目的成绩。我认为,这是值得学习借鉴、实践和研究的。

第四,教学环境与学生学习关系的研究。一支粉笔、一块黑板、一张讲台基本构成了我们的教学环境。相比较而言,我们较多忽视课堂教学中外在学习环境的改变。多年来,秧田式的课桌排列方式,学生被分割成一个一个个体,拥挤不堪、前胸贴后背的教室,学生根本没有个性化的自主空间,这是司空见惯的课堂景象。

国外学者科特查姆对教室颜色变化与学生学习变化之间的协同性进行过比较研究,结果表明:作为课堂物理环境因素的教室颜色的变化与学生的学习变化之间具有显著的协同性。所以说,班级规模、教室座位编排、教室的颜色、温度、光线和照明等教学环境,都在一定程度上影响学生的学习,在这一领域,我认为老师们要加强研究和探索。

　　法国哲学家埃德加·莫兰在其《复杂性理论与教育问题》一书中提出,教育问题是非常复杂的,不认识整体就不可能认识部分;同样地,不特别地认识各个部分也不可能认识整体。世间万物都是相辅相成的,教育的各个部分之间更是存在千丝万缕的联系。这其实也是一种生态学的观点。生态学视角下的课堂教学,不是对传统课堂的全盘否定和颠覆,也不是重新建构一套全新的理论体系,它只是用生态的理论和方法思考课堂教学,寻求课堂教学中物质环境、人际关系环境、文化环境、制度环境、心理环境的和谐共生。

(2019年12月5日)

第七编
"学生中心"的教学和评价

教学设计需匠心

设计是由特定理念指引的有目标有计划的技术性创作与创意行为。提供实施蓝图、保障实施效果的教学设计就是这样一种行为。教学设计具有创造、创新的本质要求和特征。

教学设计是一项系统性工作。教学设计及其实施过程面临学生、环境、技术等的复杂情况。而这恰恰决定了教学设计及其实施,既应遵循基本原则、落实基本要求,又不宜古板,如固守设定的教学步骤、教学方法;既应设定单位时间内的教学任务,又应留有余地,以让后进生跟上、先进生"吃得饱";既应追求单位时间内的教学进度,又应具有弹性,以发挥学生的主体性和创造性。为此,于教师而言,教学设计既是基本功,又是高技能。

教学设计应将课标要求、教材内容落地。这是教学的性质决定了的。教学是教与学两方面构成的人类特有的一种活动。作为主导者的教师,应吃透课标要求、烂熟教材内容,并遵循一般原则、要求、规范和程序进行教学设计;应把握课标和教材留有的教与学的空间,本着相得益彰的原则,"填充"相应的教的内容,期待学生的奇思妙想。这既是国家课程校本化的实践,也是教师挥洒学识储备的"自由空间",还是形成个性化教学风格的沃土。

教学设计应循学生差异、学生需求布局。这是教学的对象决定了的。教学设计具有期待即时性成效的特点:希望学生在单位时间内能够学到最多的知识、最大幅度地提高能力,从而获得良好发展。而教学过程参与者是个性、学业基础和需求均不同的学生,因此,教学设计应遵循"学生中心"思想,正视并充分尊重学生的个体差异,在教学设计及其实施的各个环节上,既追求教学整体目标的达成,更注重不同学业基础学生的最大提升。

教学设计应随环境变化、技术进步完善。这是教学的支撑条件决定了的。教学设计需要设置特定的环境氛围,需要有特殊而又匹配的技术支持。教学设计必然受制于环境和技术,同时又面临环境和技术变化的不确定性。因此,教学设计应强化教师、学生的主体地位和能动性,明确环境和技术仅仅是辅助和支撑。需要重视的是,伴随自然变化与科技进步,环境和技术的作用将逐步突显出来。疫情期间依靠技术支撑、学习环境改变了的线上教学便是如此。

当然,实施线上教学,技术作用的凸显和变化了的学习环境,无疑要求教师打破教学设计的常规,基于技术的稳定性及其支撑效能、学生居家的生理心理和物理环境等特点,进行落实课标和教材要求、面向全体同时适合个体的教学设计。这时的教学设计不仅应追求其有效性,而且应总结利用互联网、人工智能、大数据等技术改变教学方式方法的经验,弥补线下教学的不足,建立线上与线下教学优势互补、常态而又相对稳定的教学新模式,开辟教学设计新境界。

(王国强,江苏省教育科学研究院副院长、研究员,国家督学)

阅读的自由与自觉

聚焦学生的阅读,并把学生的"自能阅读"作为一个课题加以研究,应该说,无论对于阅读实践,还是阅读研究都是很有价值的。

对于阅读,人们对于它的价值和意义的认识应该说是极为深刻了,因此,这里就不再显摆。而就"自能阅读",一般认为是出自叶圣陶先生的"自能读书,不待老师讲;自能作文,不待老师改"的教学思想,也就是有它特定的语义及内涵。但是,如果做一望文生义的理解,我以为,就是自由的、自觉的、能动的、赋能的阅读。

自由的阅读,应该是兴之所至的阅读,是学生为了认识更多的字,熟悉更多的词及其运用,了解或发现人类社会及自己的所在,欣赏或流连风、花、雪、月……

自觉的阅读,应该是自由阅读境界的提升,是兴之所至基础上的无需提醒、鞭促的阅读,是学生把阅读内化成了一种习惯、一种需求的阅读状态。

能动的阅读,应该是自觉阅读中的更高层次,是学生深究事理的阅读,是他们感觉老师的"布置"非自己兴趣所在、教科书相应内容"不解渴"后的自主的延伸、拓展。

赋能的阅读,应该是教育者寄予期待的阅读,也就是学生通过阅读可以掌握更多的字词句章及其应用,逐步提高读写能力。当然,赋能的阅读,无疑也是学生自由、自觉、能动阅读自然生成的结果:无心插柳柳成荫。

由此看来,日常教学中,老师应该有计划、有组织地指导学生阅读,并期待"即时成果",但是,千万不要过于看重指导、组织和计划以及所谓的"即时成果"。

兴趣是一种无形的动力,兴趣是不能强加的。老师应该着力培养、激发、鼓励、支持每个学生的阅读兴趣。只有阅读成了学生的兴趣,成了学生的一种自由的选择、发自内心的需求,阅读对于学生来说才是快乐的、愉悦的、幸福的。否则,阅读同样难以摆脱知识及其运用技能导向下的各学科教学的普遍遭遇的结局:事倍功半,甚至事与愿违。

阅读是学生从眼下——凭借已经掌握的字词句章、已有的对于社会和自然的认知——追寻诗和远方"锚地"的行为。老师与其一厢情愿地、倾力于交给学生花色品种繁多的阅读的方式方法、途径手段,试图以"赋能"期待"自能",不如科学分析把握每一个学生的阅读基础状况,了解每一个学生阅读兴趣的有、无、强、弱,鼓励、支持学生阅读兴趣的发展,发现、培养学生的阅读兴趣,帮助学生发展阅读兴趣并成为自己的特长,促进学生强烈阅读兴趣的形成。唯有如此,阅读教学方可能有的放矢,实现赋能、自能的目的,学生方可能从"自能读书,不待老师讲;自能作文,不待老师改"的境界,走向从阅读中汲取自己身心健康成长、适应社会和自然、服务人类可持续发展的能量,成就自由、幸福、美满的人生。

(2020年1月11日)

主题阅读教学的基本问题

什么是主题阅读？为什么要开展主题阅读教学？无需赘述。伴随学生必备品格和关键能力的核心素养培育要求的提出，以及在探究、体验、实践中由学生自我建构知识体系共识的形成，主题阅读日益成为各学科备受推崇的教学方式。主题阅读是实现阅读价值、建构阅读文化、深化学科教学的需要。因此，研讨初中英语主题阅读教学、交流已有实践、寻求专家引领，是十分重要和必要的。

在认识主题阅读的意义后，有一件事就变得十分重要而又迫切，这就是怎样组织主题阅读？这个问题，是应该最受关注的，也是应该在实践中有所突破的。而在真正进入实践之前，在认识和实践之间，还有一道"坚固的篱笆"。这道"篱笆"由三个方面组成：老师不敢下决心，教研组或年级组或学校不支持或态度暧昧，学生没有基础或不感兴趣。因此，组织主题阅读之前，至少有三个问题需要我们回答。

一是什么时候尝试主题阅读。一般而言，对于一项教学改革的意义和价值，在思想上认可并接纳了并且掌握了相应的理论以及手上有几块"他山之石"，这是实践的基础和前提。但是，仅此是不足以让我们每一位老师义无反顾地开始相应的实践的。一方面,任何一项改革都不可能在"真空"里进行,即使外在条件具备了,也还需要有勇气和担当,因为,大凡改革就有可能成功,也可能失败,也可能局部成功或局部不成功。对此要有充分的思想准备和心理承受能力。另一方面,(除了与后面要讲的第二、第三个问题有关外)任何一项新的尝试,都需要把事情想清楚、想通透,也就是说,要在充分了解学情、校情的基础上,制定科学而又具体的可操作的实施方案,要确定主题阅读的目标任务、路径方法步骤、保障条件,等等。同时,还要有在实践过程中会遇到新问题的足够的思想准备,应尽可能准备解决预案。如果在这两个方面都有周详的考虑,我认为就可以开始尝试了。

二是需要哪些方面的支持。每一位老师都是具体的教研组、年级组、学校的一分子,我们的任何教学行为、教学上的任何"风吹草动",无不要考虑学科教研组、年级组和学校的"整体利益"。这个整体利益是什么,众所周知。在对待课程教学改革问题上,我们在调研、观察中发现了这样两种现象:(1)各种形式的教研、科研活动,都在推介同样的或不同的相对而言比较成熟的课程教学方面的成功实践,现场的专家们肯定有加、老师们大多"以为然",并跃跃欲试。但是,老师们回到各自的环境后,大部分在自己的教学上并不见有什么"动静",少数老师在与外界相干不大的环节会有些局部的改良。(2)课程教学的所谓改革,更多地出现在相应的项目实施或课题研究中,因为,这两者都需要实践层面的案例做支撑,于是,出现了各种XXX实验、案例、项目学校,特别是学校自己承担的项目、课题中需要组织课程教学改革实践，学校不得不组织相应的尝试，但目的是积累资料。一旦项目结项、课题结题了，所谓的改革成果也就束之高阁了，课程教学领域"波澜不再、风平浪静"。究其原因，也就是学校的"整体利益"在作祟。因此，老师们在准备尝试主题阅读前，务必要宣传教研组和年级组的同事、学校的领导，争取他们的真正理解和支持。

三是面对基础不一的学生怎么办。无论从哪个方面考量，专题研讨初中英语主题阅读教学的实施问题，根本在于要在初中英语学科教学中落实立德树人根本任务，赋予学生必备品格和关键能力。但是，我们面对的是一个复杂的学生群体，在考试教育引领下的初中教学，使得我们的老师和学生都已经"不堪重负"。在这两种情形下尝试主题阅读教学，可行吗？效果好吗？鉴于主题阅读教学在英语学科教学中的意义和价值，我以为，是值得老师们积极尝试的。问题在于，我们的路径选择要符合实际情况。这个实际情况就是：自己的驾驭能力，每个学生的英语基础，环境氛围的有利程度。自己的驾驭能力无疑可以在"拿来"的基础上，边实践边总结边提高。外在环境也可以积极营造。唯独每个学生的具体情况是需要重点把握的，否则，就可能事倍功半，甚至适得其反、前功尽弃。主题阅读，对于学生而言，主要是要求学生围绕老师设计的主题、老师准备给学生的阅读材料，由学生主动地、自主地学习思考，完成相应任务，达成相应目的。但是，学生目前的英语阅读基础怎样？对于英语课外阅读感兴趣吗？你给的资料合适吗？这些问题，我以为都是必须事前了解清楚的，并以此为依据确定目标任务、策略和步骤。

(2019年10月25日)

全息阅读的价值

多年来，常州市三井小学在专家指导下，推进全息阅读、深化语文课程教学改革，实践丰富、成果丰硕。而第十六届江苏省名师名校小学语文主题观摩研讨活动将"破译"三井小学通过推进全息阅读，实现语文学科育人、乃至全学科育人、全程育人目标的"密码"。

关于全息阅读，在不多学校的小学语文教学中有研究和一定的实践。我以为，将物理学的全息理论及其技术层面的操作方法运用到语文阅读教学中来，无疑是非同小可的事，它实质上是在努力揭示跨学科教学、跨学科综合素养培育的可行性、科学性和规律性。而在我们国家，中小学分科教学的时间太长了，以致学科间呈现一种割裂状态，严重影响了中小学生跨学科综合素养的培育，进而严重影响了我国学生创新创造创业能力的提高，造成了国家和民族之忧虑。而三井小学等一批学校坚持不懈、深入开展的全息阅读（学习、教育等）实践和研究，开辟了一条通往学生综合素养培育的康庄大道。

全息阅读理念在三井小学已经转化为各学科的育人实践。而就语文全息阅读而言，我有这样三方面的粗浅理解。

一是全息阅读是一切可能条件下的阅读。全息技术的成像是三维的、立体感强、每个部分都能再现整体而且各个部分互不干扰。把这一技术的特点通过想象和迁移,运用在教学中,展现了形象思维的魅力。全息阅读是任何时间、空间、地域条件下的阅读,呈现了全时空、全方位的镜像,而且无论什么条件下的阅读都是相互补益、而不是相互抵消。

二是全息阅读是读懂"无字书"的阅读。全息技术原理运用到教学领域,成为泛在性阅读的理论依据之一,使得全息阅读由"空中"降落到"大地"。于是,在引导学生读懂、弄通语文学科及其他学科等学校之书,也为了让学生在真正读懂、弄通学校之书的同时,需要引领学生读懂社会之书、自然之书(大地之书)等等这些"无字之书"。

三是全息阅读是"知行合一"的阅读。全息技术漫射式记录物体信息的原理运用到阅读上,发展为浸润式、体验式阅读,强调阅读应贯穿语文以及其他学科学习的全过程、渗透到学生在校内外的一切可以学习的时空或场所,成为学生的生活方式。而一旦阅读成为学生的生活方式,学生的阅读将是高度知行合一的阅读。

全息技术是一门涉及量子技术等的复杂技术,运用它的有关原理来启发、拓展我们的思维领域、推进语文阅读教学实践的深化,是需要有强烈的责任感、使命感和担当精神的。在学习借鉴三井小学等学校推进小学语文"全息阅读"教学改革经验的同时,积极尝试运用其他学科的相关理论指导自己的语文教学实践,不断提高语文教学的质量,实现语文学科的育人目标,应该成为更多学校,特别是名师名校的普遍实践和研究课题,应该可以从中接受更多培育学生综合素养路径和方式等的启迪。

(2019年12月12日)

"中学生与社会"作文比赛的主旨

"《七彩语文》杯""中学生与社会"作文大赛,是由江苏省教育厅批准的面向全省中学生的一项赛事。每届比赛都广泛发动,层层选拔,评审严谨,组织有序,为全省百万中学生表达思想、抒发情感、展露才华提供了一个好机会、高平台。因此,中学生们如能在这个省内层级最高、竞技水平最高的中学生作文赛事中获得佳绩,将充分表明中学生具有拔萃出群的写作才华。

当然,组织这一比赛并非仅仅为了发现有写作才华的中学生。"中学生与社会"这项传统赛事主旨鲜明,立意非凡。

"中学生与社会"作文大赛,旨在引导中学生关心社会发展变化,把握时代脉搏,抒写对于社会的思考和感受,进而积极参与社会生活,养成服务社会、奉献社会的自觉。这既应是组织比赛的初心,也应是比赛广受欢迎、历久弥新,并被江苏省教育厅列为全省中小学生不多的竞赛项目之一的重要原因。

今日之中学生,明日之国家栋梁。虽然读书学习、全面而个性地成长是中学生当前的主要任务,但并不意味可以"躲进书本成一统,管他冬夏与春秋",不能心中仅有考试分数、只顾一己悲欢;应该主动关注社会发展变化,明白家庭幸福、国家发展、民族振兴对于自己的期待,存高远之志。

因此,我认为,今日之中学生,既要善读"有字之书",又要善读"无字之书",也就是要向社会学习,"洞明"社会世事、从中汲取养分;明确社会发展对自己的要求,增强服务社会的责任感和使命感。

今年是我国改革开放四十周年。四十年来,国家发生了前所未有的深刻变化,取得了举世瞩目的发展成就。生活在这一时代里的中学生是幸运的、幸福的,但同时肩负重任。中学生在自己的人生道路上,应该"家事国事天下事事事关心",在为家庭幸福、国家发展和民族振兴贡献智慧和力量的过程中,同时实现个人理想、成就美好人生;应该珍惜时光,坚定志向,奋发有为,勇于担当,做时代的开拓者、奋进者、奉献者、弄潮儿,成为实现中华民族伟大复兴中国梦历史进程中的有用之才、栋梁之材。

每一个家庭、国家发展、民族振兴对于中学生的期待,如果要成为现实,需要全社会的共同努力。"中学生与社会"作文大赛由《七彩语文》杂志社支持举办,并冠名"《七彩语文》杯",是社会关心、促进中学生健康成长的一个缩影。

(2018年12月2日)

民族团结教育三问

把"民族团结教育"作为小学德育课程教学研讨活动的主题,并设计了专题讲座、课堂教学展示和专题研讨等活动形式,以达成加强小学德育课程教学、深入推进小学阶段民族团结教育的目的,是十分重要和必要的。而关于民族团结教育,一线老师需要厘清这样几个基本问题。

第一,为什么要加强民族团结?

我国是一个统一的多民族国家。而在中华大地上的各个民族,既有团结的光荣传统,又有分裂的惨痛教训。中华民族发展的历史深刻地表明,民族团结则共同发展繁荣,民族分裂则饱受内乱外侮。

各民族团结友爱,是中华民族繁荣发展的重要保证。中华民族生生不息,靠的是各民族团结友爱。一个民族不团结,可能一盘散沙;一个国家不团结,可能分崩离析。我国各民族历经数千年的迁徙、贸易、婚嫁、交融,形成了你中有我、我中有你,交错杂居、共生互补的格局,孕育了团结友爱的宝贵传统。特别是新中国的成立,彻底废除了历史上的民族压迫和民族剥削制度,由此开创了中国民族关系的新纪元。今天,平等、团结、互助、和谐的社会主义民族关系在中国已经确立并不断发展,各民族正为祖国大家庭的繁荣富强而共同努力。

民族团结是各民族之间的团结和各民族内部的团结。这是中国共产党处理民族关系问题的一项准则。《中华人民共和国宪法》第四条规定:"中华人民共和国各民族一律平等。国家保障各少数民族的合法的权利和利益,维护和发展各民族的平等团结互助和谐关系。禁止对任何民族的歧视和压迫,禁止破坏民族团结和制造民族分裂的行为。"

然而,树欲静而风不止。众所周知,民族分裂势力一刻都没有停息过他们的分裂活动。这其中,有民族分裂势力的顽固和境外敌对势力渗透挑唆的原因,也有我们的民族政策需要调整优化的原因,还有我们的民族团结教育仍然不到位的问题。因此,民族团结教育是加强民族团结的重要途径。

第二,为什么要在学校开展民族团结教育?

党和国家长期以来十分重视民族团结教育,把民族团结教育作为反对民族压迫、巩固民族团结、实现各民族共同发展、维护民族与国家统一的重要工作加以要求和推进。

青少年时期是人的国家观、民族观孕育形成的基础时期。这个基础打得好不好,关系到整个民族的综合素质和社会的长期稳定发展。在中小学开展民族团结教育,是培育下一代爱国主义情怀、宽容善良品德、全面知识能力的重要途径,是推动各民族大团结永续发展,增强中华民族凝聚力的战略工程。

第三,小学民族团结教育怎么开展?

学校教育是对青少年进行民族团结教育的主阵地、主渠道。中小学校应按照《学校民族团结教育指导纲要(试行)》要求,把民族团结教育纳入《道德和法治》课程,切实加以实施。比如,《纲要》要求从小学三年级开始的民族团结教育课程实施,应确保课堂教学的时间和教学质量;教学活动要符合不同年龄学生的认知规律。

对于小学生的民族团结教育课堂教学,开始时主要讲一些基本知识,比如,我国是一个由56个民族组成的统一多民族国家,以及自己所属民族的情况、其他各民族的基本知识。此外,也要讲一点民族团结的观念。在小学高年级,民族常识教育就要展开讲,同时也要讲促进团结、维护统一、反对分裂的必要性。

小学生学校民族团结教育在传授知识的同时,更要抓住根本,把握住民族团结教育的本质要求。既要让学生了解各民族丰富多彩的知识、文化,更要通过系统的教育让学生认识、感知我国统一多民族国家的基本国情,逐步形成正确的国家观和民族观,增强民族自尊心、自信心和向心力、凝聚力。一是要强化祖国意识,让学生从小就知道中国是各民族人民共同的家园。祖国的辽阔疆域是各民族共同开拓的,祖国的灿烂文化是各民族共同创造的。二是要强化中华民族意识,让学生知道中华民族是中国56个民族的总称,是经过长期交往融合形成的相互依存、多样统一的民族共同体。在民族归属上,每个人都属于一个具体的民族,又都属于中华民族。中华民族体现各民族的整体形象,代表着各民族的共同利益。三是强化民族平等团结意识,要让学生知道平等是民族关系的基石。各民族无论人口多少、历史长短、发展快慢、风俗异同都一律平等。这是符合社会进步潮流的先进意识,也是我国民族政策的基本原则。团结是民族关系的主线,各民族和睦相处、和衷共济、和谐发展是贯穿我国民族关系的基本要求。民族团结教育要始终把握平等、团结的基本原则,让学生从小形成各民族平等友好、相互尊重、团结合作的意识,而且要以此作为法律规范、道德责任、行动准则。

小学生民族团结教育的形式应该丰富多彩。学校应组织好课堂以外的专题教育和各类实践活动,比如组织主题班会、团队活动、知识竞赛、学习民族绘画手工歌舞,参与民族节日、开展社会调查等。学校应与社区互动,利用好各种社会教育资源,比如民俗馆、博物馆、纪念馆等。学校还可以聘请民族团结先进模范人物、具备资格的民族学研究学者做校外辅导员。

小学民族团结教育的课堂教学应该是根据内容特点因校因地制宜。就内容而言,有关各民族的知识、文化的内容,选择记背考、体验式的课堂教学方式。对于发扬民族团结优良传统、反对民族压迫和分裂等方面的内容,可以通过多种媒体,如电影、电视等,以及实地调查、考察、访问或研学旅行等方式进行。防止学校民族团结教育表面上有了课程、入了课表、进了课堂,但徒有形式,既不入脑,又不走心。如果这样,是对民族团结教育这一重要而神圣事业的亵渎,也是对于民族团结、国家发展事业的极端不负责任!这是我们务必要防止的。从这个角度看,这次民族团结教育的课程教学研讨活动具有重大意义。

(2019年3月29日)

珠心算实验的新任务

珠心算教育实验成功与否,各级财政部门、教育部门、实验学校的高度重视、提供条件、积极推进是外因,内因是珠心算老师。珠心算教育质量的提高,关键在课堂、根本在教师。

江苏全省238所珠心算实验学校,在教材使用、课堂教学等方面都积累了一定经验。进一步使用好新修订的珠心算教材、深化课堂教学实践,是每一所实验学校、每一位珠心算老师面临的新任务。

一是增强文化自觉。学校是一个天然的文化机构。在教育文化学看来,学校教育教学的一切活动都是文化活动。因此,我们每位老师日复一日、年复一年、看似平淡无奇的工作,都是在自觉不自觉地进行的文化活动。这些文化活动,要么是传承优秀传统文化的,要么是创造积累新时代文化的。

珠算是我国古代的重大发明,伴随中国人经历了1800多年的漫长岁月。它简便的计算工具和独特的数理内涵,被誉为"世界上最古老的计算机"。2013年,我国的珠算项目正式列入教科文组织人类非物质文化遗产名录。珠心算教育实验,是在珠算的基础上发展起来的。江苏省1991年开始组织珠心算教育实验。珠心算是珠算的创新与发展,是现时代珠算文化的重要载体。从保护和继承传统文化的要求出发,江苏组织了珠心算教育实验。参加实验的老师应重视这份可能被视为额外的教学任务,增强文化自觉,以神圣的、科学严谨的态度对待每一堂课。

二是加强课程建设。课程是关于教育目标、教学内容、教学活动方式的规划和设计,是教学计划、教学大纲等诸多方面实施过程的总和,是教育的本质、素养的跑道。课程对于每所学校、每位教师来说,是教书育人的主要依凭。

珠心算教育要在实验学校落地生根,成为学校文化、学校特色,必须课程化。珠心算课程建设需要把握这样几个要点。第一,明确课程目标。建设珠心算课程是为了发展学生算术技能素养,也是为了传承珠算文化,让学生兼具文化素养与技能素养。第二,构建课程体系。要构建珠心算课程框架,还要不断丰富、充实珠心算课程内容,即课程资源等。教材是课程的主要载体,但仅有教材是不够的。第三,实施珠心算课程。课程在于实施,实施就要进入课表,要有教材、器材等资源支撑,要有教师、课堂教学、相应的评价,等等。同时,珠心算课程还要努力校本化,可以通过选择、改编、整合、补充、拓展等方式,对国家课程(目前没有)和地方课程进行再加工、再创造,使之更加符合学生、学校的特点和需要。

三是优化课堂教学。课堂是学生学习的主要场所。在课堂里,老师要根据教学实际,创设必要的情境,给学生提供课内实践的机会,让学生在特定的环境中进行实践体验,使他们在活动中感悟道理、体验情感、规范行为。实施珠心算教育的课堂教学也不例外。

今年6月23日,中共中央国务院颁发的《关于深化教育教学改革　全面提高义务教育质量的意见》要求:"强化课堂主阵地作用,切实提高课堂教学质量""优化教学方式。坚持教学相长,注重启发式、互动式、探究式教学,教师课前要指导学生做好预习,课上要讲清重点难点、知识体系,引导学生主动思考、积极提问、自主探究。融合运用传统与现代技术手段,重视情境教学……精准分析学情,重视差异化教学和个别化指导。"这些都是长期以来不少教师在探索实践的课堂教学方式,在其他学科的课堂教学中运用得比较充分。而在珠心算课堂教学中同样应该得到充分运用,借此提高珠心算课堂教学的质量和效益。

珠算及其创新发展形式——珠心算,作为值得我们自豪的中华传统文化,传承它、发展它,是我们的使命;传承、发展得如何,在于能否不断取得珠心算教育实验的新经验、新成绩。

(2019年12月2日)

英语主题阅读的实践逻辑

主题阅读是一种针对同一主题,在一定时间内阅读大量同主题内容的方法,可以有效避免零散阅读所造成的知识遗忘、思考重复而且不深入的问题。同时,由于在短时间内大量阅读相关内容,可以有效加深记忆,多角度、更全面地理解同一主题思想;更为有效的是,当完成阅读之后,容易形成框架性思考,在整体上把握阅读内容,有利于把阅读掌握的知识应用到实践中来。在初中英语教学中研究、实践主题阅读及其教学问题,不仅体现了作为语言类学科的英语教学实践深化的要求,而且是建构阅读文化的需要。

主题阅读是实现阅读价值的需要。一般认为,阅读是运用语言文字来获取信息、认识世界、发展思维,并获得审美体验的活动。它是从视觉材料中获取信息的过程。阅读是一种主动的过程,是由阅读者根据不同的目的加以调节控制的,能够陶冶阅读者的情操,提升阅读者的修养。阅读是一种理解、领悟、吸收、鉴赏、评价和探究文章的思维过程。阅读可以改变思想,从而可能改变命运。阅读如此重要的意义价值,客观上就要求我们在英语教学中应重视阅读,着力于阅读教学方式、方法、手段的创新。由一般意义上的单篇课文的阅读发展到单元同主题课文的阅读,进而发展到整个学段,以至整合教材与其他同主题读物的同主题阅读,我以为就是阅读的进阶、阅读教学的创新。而唯有如此,才可能真正体现阅读的意义,实现阅读的价值。

主题阅读是建构阅读文化的需要。学生有主题的读书,有精神引领的读书,是培育学生良好的情感素养、形成正确的人生观、价值观的需要。把同一主题的内容按逻辑关系或其他线索整体地交由学生阅读,将在客观上使得学生逐步接受一种同质的生产或生活的现实、自然或社会的规约、感性或理性的浸润,而这就是在接受丰厚的主题阅读内容的文化氤氲、文化熏陶;更可贵的是,在这一过程中,我们的学生身上渐渐升腾起自己的文化倾向。因此,仅仅从阅读的角度来讲,主题阅读是一种阅读方法的引领,而从教育的角度讲,主题阅读是一种文化的建构。学生在同一主题下,阅读由课内引向课外,由文本引向文化,这对学生阅读兴趣的激发、阅读习惯的养成、人文素养的提升都会有积极的作用。

主题阅读是英语教学深化的需要。阅读无疑是英语教学的基本方式,是实现英语教学目的的基本途径。而作为一种语言的教学,英语不仅有与汉语等语言教学一样的阅读教学的要求,而且有自己的独特要求。作为一种外来语言的英语,作为英语老师,首先应认识到它是一种文化,因为语言是文化的载体,又是文化的写照,语言和文化是密不可分的,每一种语言都承载着特定的文化内涵。其次再从教学的角度看待它。但是,作为一种外来文化的英语,如果没有先入为主的对它背后的文化的理解、认同,可以想见,老师的教将是多么的别扭,学生的学又将是多么的"吃力"。于是,英语教学不应是本民族语言教学的整体翻版,而应有自己的独特要求。这就是:建立在对英语文化理解、认同基础上的适应英语语言文化特点的教学。而落实这样的教学要求,主题阅读同样是有效的、基本的途径。

主题阅读在阅读文化建构中的功能作用告诉我们:主题阅读是加速学生文化理解、认同的有效途径。因此,我们可以建立这样的逻辑:外来语言是外来文化的载体,理解、认同外来文化是学好外来语言的前提,主题阅读是学生接受某种文化的规约和浸润的有效途径,为此,作为英语教学重要内容和方式的阅读教学必须深化实践,实践的内容就是主题阅读。

(2018年9月27日)

深度思维·体育学习与教学

作为教研工作的一种机制创新,"长三角教研发展共同体"已经得到三省市中小学教研工作者普遍认同,教研活动也因此迅速延伸至有关学科。长三角地区中小学体育特级教师教学研讨活动,是以"交流、合作、研究、发展"为宗旨的"长三角教研发展共同体"运行过程中的重要活动,也正是这一机制发生作用的产物。

研讨活动目的明确,就是要通过以特级教师为主体的体育骨干教师的交往与互动,促进地区间体育教学研究的协作与联动,推动三省市中小学体育课程教学的交流与合作,实现三地中小学体育教师专业发展,提升整个长三角地区中小学体育教研水平和教学质量。这是三省市中小学体育教育工作者积极响应长三角区域经济社会一体化深度发展的主动作为、先行之举,反映了三省市中小学体育教育工作者的强烈的大局意识、浓烈的教育情怀。

研讨活动主题明确。这既是三方组织者、参加者的愿景,也是"长三角教研发展共同体"运行机制走向成熟的标志。围绕主题的专家引领、现场展示、交流研讨,将帮助一线老师进一步把握中小学体育课程教学改革深化的趋势,聚焦体育课程教学落实立德树人根本任务、发展学生体育核心素养的理论支撑和实践要领,引领三地中小学体育教育教学进入新的境界。

而就本届研讨活动主题——"健康第一:基于深度思维的体育学习",我认为,有以下三方面的要求应在实践层面,即具体的体育教学及其教研工作中加以落实。

一是以深度思维教学为手段提高体育学习品质。思维是人脑借助于语言对客观事物的概括和间接的反应过程。深度思维是发生在较高认知水平层次上的心智活动,是指学生自主分析、评价、创造的思维活动。深度思维要求学生能够主动在合作、探究、体验中建构知识体系,并能把知识运用到解决真实问题的情境中去。实践表明,在体育教学中发展学生的深度思维,一般有情境化教学、结构化知识、引领式追问等途径。

比如,情景化教学,这是体育学习的显著特征,但是表象性的动作如何揭示思维的逻辑呢?我认为,可以像其他学科一样由学生或在老师引导下形成思维导图,呈现学生思考的过程,形象化地展现分步但又连贯的动作等。这样一种思维状态中的学习,促使学生知行合一、手脑并用,无疑将有效提高体育学习的品质。

二是以关键能力培养为目标改革体育课程教学。2017年9月,中共中央办公厅、国务院办公厅印发的《关于深化教育体制机制改革的意见》指出:要健全立德树人系统化落实机制,"要注重培养支撑终身发展、适应时代要求的关键能力。在培养学生基础知识和基本技能的过程中,强化学生关键能力培养。"这里所指的关键能力包括:认知能力、合作能力、创新能力、职业能力。培养这些能力,体育学科责无旁贷,但关键在于转变教学的方式。

学习方式金字塔模型揭示了在相同的时间学习相同内容时,到第七层也就是最深层的学习方式是"教别人"或"马上应用",可以记住90%的学习内容。因此,学生关键能力培养,必须真正转变教学方式,实施合作、体验、探究性学习。而其前提是要改革课程设计、教学实施和学业评价等。

三是以健康第一思想为宗旨评价体育教学效果。毋庸讳言,直到现在,不仅是社会、家长,甚至在教育系统对于学校体育的认识仍然十分浅陋、偏狭,因此,导致了学校体育存在的问题,在几十年时间里,在国家最高层十分重视、政策性文件一再出台、甚至有法律法规要求的情况下,"江山依旧"。应该说,作为学校、教研员和老师,无力在短时间内从根本上改变这种状况,但是,可以立足当下、立足实际,作出力所能及的努力,在积极改革体育教学方式的同时,以健康第一思想为宗旨,评价我们自己的体育教学效果。

当然,这首先要全面把握"健康第一"的内涵。体育,特别是学校体育,绝非仅仅是"四肢"运动,而是强健体魄、和谐心灵、发展智力、幸福终身的一种教育,正如有专家认为的"体育就是透过身体活动进行教育"。作为教育系统的"体育人",首先应是"教育者",通过体育学科知识和技能传授,涵育学生情感态度价值观,赋予学生必备品格和关键能力。因此,这里的健康是对学生的身体、心理、智力发展、抗挫能力等多方面的综合考量。体育教学评价应该是多维度的。

(2019年10月31日)

教学评价的人本性和科学性

变革教学评价,注重发展性与差异性评价,这是不少学校都在实践和研究的课题。有的学校已经实践得比较充分并取得了积极成效。因此,基于思考或实践基础上的研讨、交流,必定有利于学校在这方面实践和研究的深化。而正确地理解、把握教学评价人本性和科学性内涵及其本质规定性,对于增强实践的针对性和有效性,十分重要而又必要。

正确把握教学评价原则。教学评价是依据教学目标对教学过程及结果进行价值判断并为教学决策服务的活动,是对教学活动现实的或潜在的价值做出判断的过程。教学评价包括对教学过程中教师、学生、教学内容、教学方法手段、教学环境、教学管理诸因素的评价,而主要是对学生学习效果和教师教学工作过程的评价。对教师教学设计、教学组织、教学实施等的评价,对学生学习效果的评价,是教学评价的两个核心环节。评价的方法主要有量化评价和质性评价。

教学评价作为教学工作的一项评测手段,由于它的对象是人——教师和学生,因此,必须遵循两个基本原则。其一是发展性原则。教学评价是鼓励师生、促进教与学的手段,因此,教学评价应着眼于学生的学习进步和动态发展,着眼于教师的教学改进和能力提高,以调动师生的积极性,提高教学质量。其二是差异性原则。教学评价既然是鼓励师生、促进教与学的手段,那么就得充分认识和考虑到教师和学生个体原有的主观与客观条件的不同,着眼于教师教学、学生学习的纵向上的进步,以激发师生教与学的潜能。

正视教学评价存在问题。客观地说,我们的学校在发挥教学评价的作用、调动师生的积极性、促进教学质量提高方面,一般而言是下足了功夫的,但还存在不少问题。主要有:评价功能单一,过度重视评价的诊断作用,把评价结果作为判断教学或学习好与差的唯一标准,以致普遍存在"成王败寇"式的评价;评价主体单一,教师或教育管理、甚至是某一项制度,都作为评价主体了,唯独缺失了学生的身影;评价形式单一,以考试等方式作为评价的唯一尺度,难以评价学生的学科素养和全面发展水平;评价标准单一,没有根据学生的不同特点进行个性化评价,只是把学生做横向的比较,缺乏对学生个体纵向发展的衡量。这些问题必须引起高度重视,并把它们作为教学评价变革的主要方向。

切实转变教学评价方式。影响教学质量提高的因素很多,因此仅仅有教学评价的变革是不够的,是难以实现预期目标的。在学校为提高教育质量进行整体变革的设计中,鉴于教学评价在教学质量提高中的促进和引领作用,教学评价的变革显然应先行一步,至少是与其他方面的变革同步进行。教学评价的变革可以从多种维度(比如,原则、功能、内容、要求、方法等)进行,最为重要的也是最基本的是针对当前教学评价存在的问题坚持基本原则,并围绕基本原则要求进行策略改进等。

坚持发展性教学评价。教学评价不应该仅仅是结果性或者诊断性的,要强化过程性评价,也就是在过程中评价和基于过程的评价;还要强化指向性评价,也就是教学评价要指向学生的未来、教学的未来。要认清教学评价的主体是教师和学生,进行教学评价必须基于他们的发展要求、基于时代的价值定位,引导他们在适应时代发展中获得自身的发展。

坚持差异性教学评价。要强调个体性,即根据学生个体成长的过程和特点进行评价,聚焦个体有针对性,指向学生的独特性,服务于学生的个性化发展,而不是用一把尺子度量所有学生。要强调适恰性,即从学生和教师的实际出发,从他们的发展需要出发,采取恰当的方式方法、恰当的形式和适切的内容进行教学评价。

坚持策略性教学评价。教学评价的对象是不同个性特点、不同基础条件的教师和学生,因此教学评价必须讲究策略,方能真正发挥其应有作用,成为激励、促进、引领教师和学生发展、实现教学质量提高目的的有效工具。教学评价策略的选用,前提在于认清评价主体,关键在于改变评价方法,基础在于丰富评价形式,目的在于促进个体发展。

(2018年10月29日)

命题的立意

评价是教育教学工作的重要组成部分，而命题是评价工作的一个重要环节，是检验教与学效果和质量的重要方式和手段。理论和实践都表明，命题是教学、学习的"指挥棒"。命题引领着教与学的"航向"，乃至教育改革和发展的方向。命题是教师的基本功，命题水平高低反映了教师的学科文化素养状况。命题水平的高与低，本质上是命题素养问题。

对于命题，有一定年资的一线老师都会积累一定的实践经验。但是，鉴于命题的无与伦比的"指挥棒"作用，只满足于既有经验显然是不够的。需要基于已有的实践、思考和研究，在总结经验的基础上，探寻命题的基本规律，并伴随学科课程新方案、新课标、新教材的实施，在适应新高考的过程中，不断提高本学科命题素养。

命题具有一般规律、目标任务、技能技巧，这是一个合格的学科教师必须掌握的，而其中有这样几点，我以为是需要十分明确的。

一是检验学科核心素养落实情况。学科核心素养是学科育人价值的集中体现，是学生通过学科学习逐步形成的正确价值观念、必备品格和关键能力。比如，高中化学新课标明确了化学学科的宏观辨识与微观探析、变化观念与平衡思想、证据推理与模型认知、科学探究与创新意识、科学态度与社会责任等五个方面的核心素养,而当务之急是如何落实。

关于学科核心素养在学科教育教学中的落地生根,在江苏普通中学各学科的思考、实践和研究,迄今已经有四个年头了。江苏省教研机构从2015年开始即组织学科核心素养与关键能力的研究。《中国学生发展核心素养报告》发布后,特别是高中各学科新课标中赫然出现学科核心素养并成为各学科课程目标的核心内容之后,江苏省教研机构、全省各地、各学校都围绕学科核心素养的落地进行过思考、研讨和具体的实践尝试,在落实学科核心素养要求方面探索形成了一些可操作的途径。目前,无论是学科的测验、考试,还是中、高考的命题,面临的一个现实要求是:积极尝试检验落实学科核心素养要求的具体效果,并以此促进核心素养在学科教育教学各环节上的进一步有效、高效落实。尽管仅仅通过命题难以完全达成检验目的,但这是一个重要途径和手段,必须努力为之。

二是突出学生学习效果和需求诊断。一张试卷考下来,尽管可以从学生各自的解题与得分情况中大致分析出他们每个人的学科学业状况等,但是我们难以就此全面正确判断每个学生的学习状况。同一时空下,每个学生的学习效果怎样?每个学生在本学科学习中的需求是什么?他是需要补差补缺,还是提高、"吃小灶"?因此,平时的学科测试,如果只是一般地了解学情并借此排名及"抽鞭子"外,那么应该着重在诊断上下功夫,把命题目标指向检验学生的学习效果、了解学生的个体需求。为此,需要研究、实践诊断式命题。我们擅长的是"摸底"加区分的命题,并常常是通过大类分析试题的得分情况后,告诉一类学生他们的差距何在,以期"同类型"学生从此"无须扬鞭自奋蹄",实现"自我完善"。这样的期望显然不是在每个学生那里都能成为现实。因为不同学生的学业基础、学习能力不一样,整齐划一的要求、一张试卷测全体的方式,是难以促进每个学生学业水平提高并在基础上提升学生整体的学业水平的。

当然,我们可能还不完全掌握诊断式命题。按照美国著名教育家华虚朋的文纳特卡制要求,对同一内容进行诊断测验时,应尽量采用不同的试题,文纳特卡制常常会准备5—7种同等程度、不同形式的试题考核同一内容。这在我们当下的教育环境里,恐怕难以做到,但应该积极尝试。

三是促进学科教育教学改革深化。无论是针对学科核心素养落地情况检验的命题,还是针对每个学生学业需求诊断的命题,都承载着把教育理想、理念、思想引导转化为教育教学实践、提高教育教学效果和质量的使命,都昭示着学科教育教学深化改革的方向、方式、方法和路径。因此,考题不应是冷冰冰的"指挥棒",而应是引领学生个性而全面发展的"航标灯"。

近些年高考命题以及各地中考命题已经出现这样三个方面的趋势:(1)试卷中包含一定比例的基础性试题,引导学生打牢知识基础;(2)试题之间、考点之间、学科之间相互关联,交织成网,全面考查学生的素质;(3) 使用贴近时代、贴近社会、贴近生活的素材,鼓励学生理论联系实际,关心日常生活、生产活动中蕴含的实际问题。这些趋势是需要巩固发展的。

命题是考试内容和方式的有机结合,因此,命题要从"知识立意"转向"能力立意""素养立意"。只有能够引领学生核心素养和关键能力培育的考试内容与方式,才能真正发挥引导学科教育教学、促进学科教育教学改革深化、提高学科教育教学质量的功能作用。

(2019 年 4 月 25 日)

英语听力口语考试的特殊性

初高中英语听力口语考试是江苏省近二十年来坚持的一项面向全体初高中学生的英语能力考试,是具有江苏特点的特色考试。由于长期的坚持,有效地促进了全省初高中学生英语听力和口语水平的提升,促进了全省中学生整体英语学业成绩的提高。特别是伴随教育信息技术的不断进步,江苏初高中英语听力口语考试组织和实施工作也不断得到改进,考试组织等相关的一系列工作的质量、效率和效益都有明显提高。

任何工作的开展,在不同阶段都会遇到新情况、新问题;任何技术的运用,都难免受到环境的影响以及技术本身的局限。初高中英语听力口语考试工作就是这样一种工作,它依赖的信息技术就是这样一种技术。为此,需要及时总结初高中英语听力口语考试工作的经验、适时作出相应调整,及时完善、升级技术及其运行机制,进一步提高初高中英语听力口语考试工作的安全性、质量、效率和效益。

鉴于近些年初高中英语听力口语考试工作中遇到的一些新情况新问题(有些甚至可能引发社会不稳定),有这样三个具体问题需要深入研讨、寻求对策,防患于未然,确保这项工作持续顺利、高质量实施。

一是工作的重要性与必要性。应充分认识组织好初高中英语听力口语考试工作的意义和价值,增强责任感和使命感。英语听力口语是英语能力不可或缺的组成部分。英语能力的提高是我国学生适应经济全球化、人类命运共同体建设的需要。因此,组织好初高中英语听力口语考试工作,是正确导向中学英语教育、提高中学英语教育教学质量、推进中学英语学科育人的需要。

二是技术的可靠性与安全性。初高中英语听力口语考试工作,与其他范围广、涉及面大、技术和安全要求高的考试一样,是一项复杂的系统工程。而适宜、可靠与安全技术的运用,无疑是提高组织水平、安全系数、工作效率和质量的有效途径。但技术是柄双刃剑,组织好初高中英语听力口语考试工作采用的技术应是成熟的、容易操控的,力避由于技术不成熟、不易操控可能造成的问题。

三是内容的引领性与回溯性。初高中英语听力口语考试与其他考试一样,引领和导向作用是巨大的,因此应努力纠正"考什么、教什么"考试导向下的中学英语教育业已存在的偏颇之处,通过总结命题与考试、分析学生的成绩,发现初高中英语听力口语教学方面存在的问题,研究寻找解决办法,确立以学生为中心、培育学生英语素养与发展学生听力口语能力为目标的考试命题导向,正确引领中学英语听力和口语的日常教学,努力实现中学英语学科育人的目标。

(2019年6月27日)

艺术素质：测评与提高

近些年来，国家和地方以提高初中学生音乐素养为核心的艺术素质测评政策纷纷出台，实践和研究如火如荼。

2014年7月，江苏省教育厅印发的《关于加快推进学校艺术教育发展的若干意见》明确指出："实施评价制度，将艺术教育纳入学校办学水平综合评价体系。"2015年5月，教育部印发《中小学生艺术素质测评办法》等三个文件，要求学生艺术素质测评覆盖到全学段学生；8月，江苏的苏州、泰州两市被确定为全国实验区并将学生艺术素质测评纳入县区政府教育责任履行情况考核。2016年7月，江苏省政府办公厅印发《全面加强和改进学校美育工作的实施意见》，并提出："全面实施美育质量监测，制定中小学艺术课程质量标准，纳入省教育质量检测体系"；8月，江苏省政府与教育部签订"学校美育工作备忘录"，承诺2020年前，江苏将初中毕业生艺术素质测评结果计入中考成绩。这些都为江苏全省初中学生艺术素质测评工作提供了有力的政策支持。

与此同时，江苏各地围绕初中学生艺术素质测评的实践和研究丰富多彩、经验层出不穷。2009年，丹阳市把音乐纳入会考内容;2015年,苏州和镇江两市进行大范围试点。目前,江苏各区市都把艺术教育纳入了中考,都研制出台了《初中学生艺术素质测评方案》,还把初中音乐评价的成功经验向小学、高中推广。江苏省教科院则设立重大教学改革项目《初中生音乐素养的评价策略与方法研究》,统筹全省各级教科研力量,边实践、边总结、边研究,有效地推进了实践,提高了实践品质。

然而,面对科学性、实践性很强、个性鲜明的中小学生艺术素质测评工作,有这样几个问题应予回答。

一是为何测评学生艺术素质?艺术素质,简单地说,就是感受美、鉴赏美和创造美的能力。艺术作为一种精神生产与生活过程,是一个比文化、道德等更远离物质和经济基础的社会现象,因此,艺术素质作为一种国民素质,是一个比文化和道德素质更高、更综合的文明进步的标志。可见,在学校艺术教育说起来重要、做起来次要、考起来不要的情况下,通过行政手段把学生艺术素质纳入中考内容,进行测评,以引起社会、家庭、学校和学生的重视,是完全必要的。这是一种矫枉过正,坚持不懈,定有成效。但是,对于人类社会文明进步如此重要的人的艺术素质,仅仅有矫枉过正之策就可以培育提高了吗?显然不行。测评只是手段而不是目的。重要的是应借助测评这一手段的持之以恒的科学运用,促进社会、家庭、学校形成重视艺术教育的自觉意识和行动。

二是怎样测评学生艺术素质?艺术素质是艺术涵养和

艺术能力的统一,是含于内而形于外的;具有整体性、综合性和稳定性的特点;是后天培养起来的,具有生成性和可塑性;较之科学素质和道德素质,是更高层次、更综合的素质。因此,艺术素质如何测评就成为十分讲究的事。尽管教育部印发的《中小学生艺术素质测评办法》明确了学生艺术素质测评指标体系由基础指标、学业指标和发展指标三部分构成,但是,作为无法完全摆脱传统纸笔考试弊端的艺术素质测评,在实践中,显然难以全面顾及艺术素质的特殊性(如内在性、生成性、精神性等)对于评价的个性化诉求,从而强化了应试的色彩、功能和价值取向。而这是与测评的原初设计是背离的,如何在操作层面上增强科学性、体现个性化要求?这是需要遵循艺术教育规律、依据艺术教育特点,在实践中不断探索和把握的。

三是如何提高学生艺术素质?由于测评是手段而不是目的。因此,测评作为针对学校长期以来不重视艺术教育状况的矫枉过正,在一定时期内会有效果,甚至会有明显效果,但是,是否由此学生艺术素养的提高就指日可待了?这样在外在压力下的重视,可持续吗?这种学生在压力下的艺术教育能够转化为真正意义上的艺术素养吗?为此,需要在继续完善艺术素质过程性测评和中考办法的同时,努力实现学校艺术教育的基本目标:配齐配好艺术教师、上足上好艺术课,加强艺术课程建设,深化艺术教学改革,丰富艺术活动内容,创新艺术活动样式,赋予每一个学生强健体魄、和谐心灵、发展智力、幸福终身的艺术素质。这些基本目标,在目前仍然是考试教育的背景下是一种理想境界。这一理想境界的实现,需要我们共同的持之以恒的努力!

(2018年12月12日)

第八编
教育科研的职能和使命

教育科研的职能和使命

教育科研是教育工作天然的组成部分、重要的支撑性工作。学习贯彻十九大精神,按照新时代、新思想、新矛盾对教育的新要求,应以为教育改革发展提供智力支持为根本任务,以履行好服务决策、指导实践、创新理论三大职能为基本要求,明确"适应需要,扬长避短,高位履职"基本思路,把教科研的需求侧和供给侧工作有机结合作为基本策略,实现教育科研工作层次和水平不断提升的目的,促使教科研工作保持与区域教育的匹配度,巩固、提高区域教科研的影响力和地位。

一是适应教育科学发展需要,提高服务决策水平。

服务决策是政府行政部门所属科研机构的首要任务。从总体上看,目前服务大局、服务决策的工作具有"两多一少"的特点,就是:完成行政委托的任务多、被动服务教育决策的任务多,主动服务、影响、引领教育决策的工作少。这种状况,应力求有所改变。在全力以赴做好行政委托工作、委托课题研究或项目实施的同时,应基于现有课题或项目、围绕教育重大和重点问题以及难点与热点问题设计新的项目或课题,形成高质量的决策咨询报告,主动为政府及其教育行政部门提供决策参考,逐步进入主动服务、积极影响、前瞻引领教育决策的境界。

二是适应学校和教师发展需要,提高指导实践水平。

坚持以服务基层为宗旨,指导实践是教科研机构的天职。丰富多彩的群众性教科研实践是教科研充满生机和活力的息壤。目前,教科研机构指导实践的工作,形式途径多、品牌特色活动多,学校、老师很欢迎,但是,服务实践的工作在区域之间的分布不均衡、服务实践的内容脱离实际需要。各级教科研机构应全面了解基层教育行政部门、学校和教师的需求,以需求为导向,拓展服务领域,在进一步创新和丰富指导实践方式、打造指导实践特色品牌活动的同时,相对均衡地布局指导实践的各种活动,扩大覆盖面、受众面;应设计服务群众性教科研的机制性工作,引导、促进各区域、学校和教师科研水平的不断提高。

三是适应服务和指导提质升效需要,提高课题研究及其成果推广的水平。

理论研究和实践研究基础上的新理论生成,是教育科研机构的立足之基,也是教科研人员的立身之本,更是提高服务决策、指导实践质量和效益的需要。当下,以实践或理论研究为主要内容的课题或项目,类型多、层次多,成果的总体水平和质量都比较好,但是,其中大量普适性研究成果的推广一如既往地不被重视。为此,一方面应统筹调动各级各类教科研力量,围绕教育改革发展宏观、中观、微观各层面重大问题,组织协同研究,努力争取理论和实践两个方面的突破;

另一方面应充分利用各级、各层面现有适合的平台或搭建新平台,在适合的范围内,推广普适性教科研成果,让凝结着广大教科研人员和老师们智慧与心血的、深蕴着各级政府和教育行政部门以及学校支持与期待的每一个教科研成果,发挥应有的最大的效益。

(2018 年 1 月 29 日)

教育科研应"不着铅华"

我们常常强调追求教育的本真,这对于今天的教育科研也应该是基本的目标。由此,我想到了"不着铅华"这个词。而这又是存在多年的一种教育现象触发的。

在长期从事教育宏观管理工作以及相应研究的实践中,一直怀疑教育宏观层面的努力作为,就能撬动整个教育体系直至末端(如学校、校长、教师、学生、课堂)发生预期的响应、正向的改变,实现预设的教育改革发展目标。而近些年了解的教育微观层面的状况令我暗自庆幸:我的怀疑还是有依据的。

在我的脑海里有一个对比十分强烈的画面:教育发展不同时期,微观层面对于宏观层面的种种目标、任务和要求的回应是如此的"强烈",同时又是如此的"微弱"。表象上的强烈与实质上的微弱形成了巨大的反差!这令我开始关注为什么微观层面的反映,表面是热烈的、内在是冷淡的?而且,在热烈中不乏应付,热烈是为了获取眼前利益,比如经费、名誉、地位等;冷淡中充满理性,冷淡是为了保障人财物力用于直接的见效快的目标实现,比如,升学率或上名校的学生数量等。于是,我们经常能够看到的是:各个层面上的总结都不敢说"满话"、很谦虚,都是用"初步""基本"等加以表达。

而这种现象,在作为教育改革发展"软支撑"的、各级各类学校都是主角的教科研系统、教科研工作中,同样是普遍存在的。也就是说,我们的教科研同样有"外热内冷"应付的"贴金""点缀"等问题存在。当然,同时还存在:为科研而科研,教科研与学校面临问题的解决无关;为课题研究而研究课题,单个课题研究与学校整体工作无涉;如有几个课题,往往课题间无关联,没有整体设计和统领;无论大小课题都不见"人",与"学生中心"相忘于"江湖"。

记得有人说过:今天所有靠物质、靠金钱所能解决的问题都不再是主要问题,最难的问题还在于让教育真正回归到"人"的本原上来,让"人"成为教育的目的。

教育的对象是人,这是毫无疑义的。但就是我们这些从事教育教学工作的,由于这样那样的原因,把自己这个"人"与面对的那个"人"都丢失了,或者给"这个人"与"那个人"以厚重而华丽的装饰。而且,事到如今还有些积重难返。为此,无论是教育改革发展宏观与微观层面的努力,还是教育科研宏观或是微观层面的研究,必须去掉这些"装饰",不着铅华、追求本真——围绕"人"进行研究,为了发展"人"而研究。

一般而言,重要的就是基本的。人是最重要的,因此,研究人、研究怎样教育人是最为重要的、最为基本的。为什么要"追求"本真,因为我们已经失掉了部分"本真";要追求本真,首先要去掉装饰,把本真找到,然后才可能"回归"。

(2018年10月24日)

教科研机构的应有作为

教科研机构是政府及其教育行政部门教育决策的咨询服务机构。在基础教育实现公平而又高质量发展目标的进程中,教科研机构的主动作为十分重要而又必要。教科研机构切实服务一个区域的基础教育改革发展的中心工作、中小学和幼儿园及其教师专业发展,为基础教育现代化提供不可或缺的智力支撑,也是自己存在、发展、壮大的需要。

高水平服务教育决策。服务教育决策,不断提升复杂情况下教育决策的科学性、前瞻性和有效性,应该是我国设立各级教科研机构的初衷所在。因此,高水平服务教育决策应该是教科研机构的基本职能。履行好这一职能,有两个方面的工作要做好。一是从被动服务向主动影响、积极引领转变。应政府及其教育行政部门要求提供决策咨询,是教科研机构服务教育决策的常态,也是教科研机构的职能使然。但是,教科研机构更应该把握经济社会改革发展背景下教育改革发展的态势,以宏阔的视野、前瞻的思考、科学的精神,主动研究问题,主动提供决策咨询,主动影响、引领教育决策,提高"有为"的品位、"有位"的层次。二是科学组织实施委托工作。伴随我国社会主要矛盾的转化,教育改革发展面临比以往更加复杂的情况、更艰巨的任务。政府及其教育行政部门委托给教科研机构的工作一般都是需要同时有研究予以支撑才能做好、推进的。实际工作中,政府及其教育行政部门将许多这样的工作委托教科研机构具体组织开展。比如,"十二五"以来,江苏省在基础教育领域组织的人民教育家培养、基础教育青年教师教学和班主任基本功比赛、普通高中课程基地、小学特色文化、薄弱初中质量提升、幼儿园课程游戏化、前瞻性教学改革、中小学生品格提升、教育名家培养等工程或项目实施,都委托教科研机构完成。江苏省教科院以科研为基础,积极承担、科学实施,保障了这些工作的品质和预期成效的取得。

高质量组织自设工作。设置一个机构是事业发展客观需要的产物。而一个机构的存在、发展的价值,既在于客观赋予的职责及其履行情况,还在于其主观能动性发挥的程度。因此,教科研机构在完成好服务决策、指导实践、研究理论、引导舆论的"规定动作"的同时,还应该根据所在区域这些方面工作的基础、需要和可能,在职能范围内拓展工作领域、创新工作方式,主动设计"自选动作",种好"自留地",以进一步履行好机构职能,充分体现教科研机构的价值。比如,江苏省教科院依托在研重大项目或课题,建立项目或课题实验校(园)和实验区,带动、促进中小学校、幼儿园、区域的教科研工作;统筹调动全省各级教科研机构的教科研力量、借助高校和兄弟省市专家力量,组织区域化的教科研指导;设立全省基础教育各学段科研基地校(园),加强日常科研指导,组织专题和综合学术活动,引领它们成为科研兴校(园)、科研兴师的示范;依托名师名校长及其有重大影响力和价值的实践或研究成果,开展特色研究所建设;组织精品课题评选及其成果推广;开展教科研文化创新区建设,不断提高群众性教科研层次和品位。同时,组织教育规划课题和教学研究课题申报评审、立项研究、评先评优工作;由各学科教研员担纲项目或课题研究,带领本学科各级教研员提高教研和科研能力;长期坚持组织各学科优秀课评比和观摩研讨活动,并借助网络平台实时交互功能,为尽可能多的一线教师提高学科教学能力服务;各学科长期坚持每年至少举办一次面向一线学科教师的教学研讨交流活动,针对问题、解难释疑、把握规律、成长教师;不断提升教研平台建设水平,"教学新时空"网络平台已覆盖除台湾省外的所有省市区,每年在线注册的各学科中小学老师近60万。还组织基础教育各学段"师陶杯"教育科研论文、教学论文评比,激发校长和教师反思、总结、研究自己的管理、教育教学实践的积极性;每两年评选表彰一次全省先进教科研机构、教科研人员,每两年评选表彰一次全省教科研先进中小学校和幼儿园、先进教师,等等。

勠力指导群众性教科研。一个地区的教科研水平和质量的提高、成果的取得,健全的教科研机构和一支具有较高素质、专兼结合的教科研队伍必不可少,而广大学校和教师的科研意识、科研积极性和科研素养更为重要。因此,教科研机构职能中一项基础的、战略的职能就是指导、服务学校和教师的群众性教科研,不断抬升一个区域教科研工作的"底部",接长"短板"。比如,江苏各地基础教育阶段的教学改革实践探索和研究一直如火如荼。在省级教育行政部门推动的上述列举的各项委托工作,大多是以课程建设为抓手的、系统的课程、教材、(课堂)教学、评价改革的深化工作。在市、县(市、区)层面推进的,有淮安市的十大改革模式研究与推进、连云港市的"建构式生态课堂"、徐州市的"学讲计划"、苏州市的"苏式教学"、泰州市的生态课堂、如皋市的"导学案"等,都是正在进行的生动的教改实践。学校和教师个人实践的,有李吉林的情境教学、邱学华的尝试教学、于永正的五重教学、孙双金的情智教学、薛法根的组块教学等,在全国都有一定影响。江苏各级教科研机构在各层面的这些教育教学改革实践、研究进程中,发挥了专家力量的统筹和组织作用,贡献了智慧,提供了科学而又高质量的指导、服务,促进了基层学校和教师的教科研水平提高,为区域整体教科研水平、教育教学质量提高奠定了基础。也因此,江苏整体的教育科研氛围比较好,中小学校、幼儿园的一线老师都受这种氛围的影响,研究的主动性、积极性较高。各级教科研机构和教科研人员、学校和幼儿园及其老师从实践需要出发,勇于承担各级各类教科研课题,乃至重大教育教学改革项目的实施、研究工作,并由此不断累积形成了基础教育教科研的良好传统,取得了一些成果,为基础教育改革发展、质量提高提供了智力支持。在两届国家基础教育教学成果奖评选中,2014年第一届,江苏取得了获奖数、特等奖和一等奖总数第一的佳绩;2018年第二届,江苏取得了获奖数、一等奖总数第一的成绩。

(2019年12月23日)

群众性教科研服务指导的创新

群众性教科研主要是指非专门教科研机构、专职教科研人员的教科研工作,是以广大中小学教师为主体的教育科研活动,它具有原生态、草根性的特点,主要包括面广量大的学校为了提升办学管理水平和教育教学质量、教师为了专业发展进行的教科研活动。服务指导群众性教科研是各级教科研机构的职能之一。这一职能履行状况如何,不仅直接影响到教科研机构的形象、地位和作用发挥,而且直接关乎广大一线教师的专业成长、学校或区域教育教学质量提高。目前,就江苏省省级教科研机构基础教育阶段群众性教科研服务指导工作而言,形式较多但问题不少,需求很大但供给不足。

一、群众性教科研服务指导的主要形式

在省级教科研部门,服务指导基础教育阶段群众性教科研工作主要由三大方面组成:课程教学实施中的服务,教科研活动中的指导,教科研平台的引领。

研究与实施课程教学过程中的服务指导工作,主要有:

各学科多形式的专题研讨,各学科优秀课展示、评比、观摩与在线实时交互,各学科青年教师教学基本功大赛,教学研究课题申评和研究,教学研究论文评选。

研究与开展教科研活动中的服务指导工作,主要有:幼教特教、中小学"师陶杯"教科研论文评选及综合学术活动,幼儿园、中小学教科研基地综合和专题学术活动,各类教科研专题研讨活动。

研究与推进教育行政部门委托实施重大项目和课题过程中的服务指导工作,主要有:江苏人民教育家培养工程实施及其影响力论坛,普通高中课程基地建设,薄弱初中质量提升工程,小学特色文化建设工程,中小学生品格提升工程,初中学科创新示范中心建设,普通高中拔尖创新人才培养基地建设,全省义务教育学生学业质量监测,初中英语口语听力自动化考试、普通高中学生英语口语等级考试结果的分析和评价,各设区市中考试卷分析和评价。

建设并利用相关平台提供的服务指导工作,教科研平台主要有:"教学新时空"网络平台的名校课程和名师课堂展播,《江苏教育研究》杂志及其网络版的针对性、引领性专题讨论和栏目设置,机构网站及各分管部门的子网页开设的教科研专题等。

省级教科研机构已有的基础教育群众性教科研服务指导工作,在近些年形成了自己的特点。

一是机制引领。例如,幼教特教、中小学"师陶杯"教科研论文评选,教学研究课题申评,教学研究论文评选,优秀课评比,青年教师教学基本功大赛,全省基础教育教科研先进教师、先进学校(幼儿园)评选。

二是品牌打造。比如,幼教特教、中小学"师陶杯"教科研论文评选分别组织了18届、20届,教学研究课题申评和立项研究进行了12期,优秀课评比坚持了30年。

三是区域推进。比如,针对镇江市、徐州市、溧阳市全区学前教育指导,昆山市与宿迁市湖滨区的课程基地促进学校文化创新的区域实践,南京市浦口区的基于证据的区域义务教育质量提升工程实施,江苏本土化STEM教育实验区(各设区市均有一个,共13个)的建设。

二、群众性教科研服务指导的急迫需求

无论是促使目前的考试教育状况回归教育本真,还是促使每一位老师遵循教育规律、学生身心发展规律实施教学,都需要群众性教科研工作在场。从这样的格局中认识群众性教科研工作,可以看到,无论对于一个区域、一所学校、还是一位老师,做好教科研服务指导工作都是急迫的需求。

区域教育高质量发展的需要。建立在一个个教师草根研究基础上的区域化群众性教科研工作,总体上还是教科研工作的薄弱环节。在全省范围内,教科研氛围较好、有较多学校以教科研兴校、较多教师以教科研立足的区域不多。因此,需要教科研机构的服务指导,在主要面向学校、教师的同时,筹划、设计区域化群众性教科研工作,为区域教育高质量

发展提供智力支持。

学校教育教学质量提高的需要。从目前的情况看,重视教科研工作,以教科研提升办学管理和教育教学水平的幼儿园、中小学占比不大,面广量大的幼儿园、中小学由于"考试教育"的影响,还是处在传统的办学管理和教育教学状态。这大多数幼儿园、中小学迫切需要通过教科研服务指导,引领走上遵循教育规律、学生身心发展规律、教师成长规律,实现办学管理、教育教学水平提升的目标。

每一个教师专业发展的需要。理论和实践都表明,有关教育的所有方面努力成效的大小,最终归结于课堂、关键在于老师。教师专业发展水平的高低决定了一个学科、一所学校、一定区域的教育质量和水平。而目前大多数教师仍然与教科研无缘,为此,需要群众性教科研服务指导工作把重心进一步降低,引导每一位教师立足自己的日常工作开展教科研,加快提高自己的专业素养。

三、群众性教科研服务指导面临的问题

群众性教科研服务指导是教科研机构的职责之一,也是"看家本领""自选动作"。江苏省级教科研机构在现有的体制机制、人财物力等保障条件捉襟见肘的情况下,组织的大量服务指导工作取得了明显成效,得到了基层学校、广大教师的欢迎,但同时还面临一些问题。主要表现为:

一是形式老旧,创新不够。比如,有些群众性教科研活

动多年来的现场活动形式大都是专家报告、交流研讨、沙龙对话、课堂展示等,几乎没有变化,活动形式的创新明显欠缺。有些教科研活动由于经费等原因,只能大幅度缩减内容、减少参与人员数量,几乎抹去了这类教科研活动一线教师原本可以广泛参与的特点。教育行政部门委托实施的一些重大项目和课题,限于人力、财力,实施过程中只能组织"大呼隆"拉网式指导,没有过程性、个别化、针对性的指导,项目学校、实验区域的示范引领作用发挥不够。

二是供给不足,难应需求。多年来,尽管江苏省级教科研机构承担基础教育阶段群众性教科研服务指导的部门和同志们作出了很大的努力,但是,在更多的区域、广大的学校、众多的教师,特别是农村教师强烈的教科研服务指导的需求面前,服务指导的形式、数量、频次、规模等都满足不了需求。原因在于,人员不足、时间精力不够,需求在前、没有经费支持。

三是品牌不亮,效应待升。江苏省省级教科机构的群众性教科研品牌活动是经过几代教科研人接力持续至今的,理应伴随江苏教育现代化建设实践的深入,在带领学校、教师回答新时代的各类"教育之问"的过程中,擦拭得更亮。但是,有前述的人力、经费等问题,不得不缩减规模、数量,回归老套的组织方式,缺失了群众性的特点,品牌影响力也开始式微。有些活动只满足于顺利开展,后续效应的发挥考虑不够。比如,优秀课评比、青年教师教学基本功比赛后对于获奖老师的后续研究、发挥他们的示范引领作用的工作,近几年只有少数几个学科开始组织局部范围的示范性展示等活动,大多数学科则没有进一步的类似工作。再如,接受委托实施的重大项目和课题,同样为人力和经费所限,按项目或课题期限要求结题后,一般都无法更大范围推广成果、发挥更大效应。

四、群众性教科研服务指导的优化创新

优化创新群众性教科研服务指导,是教科研工作适应新时代江苏教育现代化建设的需要。因此,既要优化现有服务指导形式、提升品质,又要积极回应区域、学校、教师教科研服务指导的需求,解放思想、努力争取各方支持,创新服务指导方式,提高履职尽责水平。

1. 创造必要条件,提升服务指导品质

江苏省省级教科研机构面向基础教育阶段现有服务指导群众性教科研的各项工作,总体上是有成效、受欢迎的。但是,适应新要求、要有新作为、取得更大效益,必须创造条件、提升品质。

一方面要解放思想,积极筹措经费,保障教科研基地学术研讨、"师陶杯"论文评比及交流、优秀课评比及观摩等活动的开展。另一方面要协同市、县(市、区)教科研机构、名师名校长、高校有关专家,在进一步优化设计这些活动的样式、呈现实用又有质量内容的同时,加强活动过程中"接地气""管用"的可操作的指导,增强参加活动的一线老师的获得感。再一方面要优化完善引导机制,继续认真做好本系统先

进教科研机构和先进教科研人员、基础教育教科研先进学校(幼儿园)和先进教师评选表彰工作,持续有力地引领各地的群众性教科研工作。

2. 体现群众性特点,延展服务指导范围

由于群众性教科研是以广大中小学教师为主体、具有原生态草根性特点的教育科研活动,因此,教科研机构应坚守"群众性"这个基点,走群众路线,努力为基层一线老师的教科研提供更多更好更管用的服务指导。

就目前看,群众性教科研在区域之间、区域内校际之间、学校内教师之间的差异很大。为此,当前和今后一个时期,应在进一步促进教科研工作做得好的区域、学校及其老师发挥示范作用的同时,重点关注一般区域、一般学校、普通老师,通过参与教科研活动老师的名额分配、评先评优等机制,树立教科研兴教的区域、学校和教师典型;通过建立研究成果推广交流机制、定点结对帮扶等办法,推进区域、学校、教师教科研均衡发展。还应拓展诸如青年教师教学基本功竞赛、优秀课评比、教学新时空·名师课堂等活动的后续工作。比如,组织开展一些获奖教师的样本研究、巡回报告等,真正做到以评带研、以研带师,发挥引领、示范、辐射作用。

3. 适应客观需求,创新服务指导方式

全省基础教育群众性教科研服务指导的需求,就是教科研机构的使命和任务。因此,应在优化完善已有群众性教科研工作并不断提升品质的同时,设计新的服务指导方式,促进群众性教科研服务指导工作进入新境界。

应充分发挥现有委托实施的重大项目和课题的带动作用，及时把项目研究和实践的成果推广到更大区域、更多学校，惠及更多老师。设计能够促进群众性教科研工作开展、提升水平的新项目，推进项目化教科研。设置群众性教科研工作帮扶区域、学校和老师，特别是面向农村学校及其老师组织教科研活动。开展群众性教科研工作示范区建设。研制县级区域群众性教科研工作考核标准和办法，并以此为依据组织全省群众性教科研工作先进县级区域评选表彰。组织省级并推动市、县两级建立基础教育教科研骨干评选制度，通过发现和培养一批教科研骨干、建立教科研骨干队伍，带动各地、学校和一线老师的教科研。针对基层群众性教科研操作性、实践性能力强，但宏观把控和理论水平欠缺，导致很多研究比较盲目，甚至流于形式的实际，统筹院内外教研、科研力量，有计划地组织教科研基本理论，教科研常用方式、方法、手段等方面的培训。同时，利用"教学新时空"网络平台组织专题，《江苏教育研究》杂志开设专栏、网站和公众号设置专门栏目，介绍一些基础性、普及性的教科研方法和理论，供基层教师选择学习。建立教科研机构基础教育群众性教科研服务指导立卡建档制度，促使教科研人员主动到学校听课、开展教学研究服务，促使教科研人员依托相关工作或主动到基层(区域、学校、教师)进行指导，并及时记录活动情况和反映，建档留存，为分析基层的教科研服务指导需求提供依据，为不断优化创新服务指导方式提供指引。

(2019年10月28日)

区域教科研：责任、原则和方法

当前，江苏基础教育现代化建设进入了以发展"适合的教育"为主旋律，实现更加公平、更高质量目标的新阶段。面对新阶段，连云港市教育局在促进基础教育改革发展上不断开拓，并以加强基础教育科研为主要抓手，走出了一条具有实践引领意义的新路径。为此，江苏省教科院在2017年9月《关于印发连云港市教育科研工作主要做法和经验的通知》中要求全省教科研系统学习连云港市教育科研工作主要做法和经验。

这些年来，连云港市教科研崛起并不断取得新成果。比如，在江苏省基础教育阶段"教海探航"和"师陶杯"论文评比中，实现了获奖等第和数量"八连冠"；江苏省教育科学规划课题立项数，实现"洼地崛起"并跻身全省前列；国家和省基础教育教学成果奖评比榜上有名，多人次获得省特等奖、国家一二等奖；自创的"教·研·写"一体化教师专业发展模式已成品牌，学术领军人才培养已经系统化。

仔细翻阅《连云港市重大（重点）课题调研报告选编（2017年度）》，可以从中体悟到连云港市教科研工作取得突破、成绩斐然的一些原因。

一是具有服务决策的科研责任。这批调研报告是连云港市连续第五年荟萃的决策研究成果了。本着"高起点谋划调研选题,高要求开展调查研究,高效率为教育决策提供优质服务"的原则,连云港市教科研机构围绕全市教育改革发展大局、市教育局教育中心工作,针对教育面临的重点、难点、热点问题和新课题开展实证与超前研究,仅2017年度就立项重大调研课题75项。这些调研课题立足现实、面向未来,着力为教育决策、教育改革和发展提供有力支撑、方向引领,反映了教科研机构的责任意识,体现了主动服务、自觉担当的精神。近年来,连云港市教科研已从过去专注教师专业发展、助推教育教学改革,到现在的直接服务教育决策,在全市教育发展中发挥着日益重要的作用。

二是坚持问题导向的科研原则。教育事业的规划与发展,基本立足点离不开教育面临问题及其解决。因此,发现、归纳、分析、研究教育问题,就成了教育科研的重要品质。问题导向似乎应该是教科研,特别是关乎教育决策的教育研究的首要原则。问题导向使教育科研具有针对性、聚焦点,问题导向的研究有助于我们透过现象看本质,透过问题找规律,使教育决策更科学、教育政策更精准。

重大教育决策课题必须立足于实际问题,立足于一定区域当下教育改革发展的重点、热点、难点问题,通过扎实的研究为政府和教育行政部门提供科学的决策咨询。用这样的要求加以观照可以发现,连云港教科研部门选择的调研课题主要是着眼于宏观发展问题的研究,主要涉及教育领域综合改革、课程基地和特色文化建设、教育教学改革、教师科研现状和专业成长等问题,比如《关于主城区义务教育学校管理体制改革的调研报告》《关于义务教育学校实施弹性离校的可行性调研报告》《义务教育均衡后海州区农村完小及教学点师资均衡配置情况的调查研究》《连云港市市区中小学发展学生核心素养状况的调查研究》等,在《选编》中就有72篇。这些调研课题,指向教育事业的内在运行、教育质量提升等,都是真问题、大问题,都是事业发展绕不开而急需化解的问题。这些问题的研究与解决,对于区域内甚至省内外教育事业的健康发展意义重大。

三是注重研究过程的方法选择。研究方法,是指在研究中发现新现象、新事物,或找出新理论、新观点,揭示事物内在规律的工具和手段。群众性教科研,从经验走向科学,重要的凭借之一就是找到对路的研究方法,是以研究方法的科学性保证研究的高水准。一般而言,对教师的"接地气"式研究,提倡质性研究为主。但对于教育政策的研究,特别是调研报告,必须要把数据和证据的要求放到重要位置。连云港市第五批重大调研课题的研究,是以量化研究为基础的,特别是课题组的分析,是基于数字和论据的,这样就使其结论具有说服力。为此,课题调研必须是进行现场调研的,只有在开门做研究中不断与研究对象对话才能接地气,才能得出真实的数字和论据。翻阅《选编》,绝大部分调研报告都体现了这样的研究方法。

当然,这样的研究还需要教育现场的还原,因为只有在教育现场，数字和论据才会鲜活，背后的意蕴才能为人们更好地领悟；这样的研究还需要积累，因为很多的数字和论据的力量，在于其积累的厚度。这些，聪慧的连云港教科研机构的同仁们给予了足够的关注。

需要提及的是，运用正确方法，要防止课题调研工作先入为主的倾向。这种倾向，使得老师在调研中往往带着已有的观点去找论据，用头脑里的想当然去剪裁事实，习惯于先定调子、先画框框；或把调研活动当成一种时髦、一种展示、一种效应，甚至作为哗众取宠、禀报政绩的一种手段。而调研工作的最大特性，是基于现实，需要立足现实，依据现实问题，从大量事实中归纳、概括出观点，提出解决问题的方案。同时，调研报告的撰写，也要防止报喜藏忧的现象发生，即要防止不尊重事实，文过饰非，回避矛盾和问题；也要防止有调无研，只将调查了解得来的情况进行记录，照单全收，缺乏去粗存精、去伪存真、综合分析，没有从理性的高度总结出经验、规律或理论来。科学的调研报告，应有调有研，实事求是，这样才能具有真实性和针对性。

连云港市教科研机构正是运用了正确的调查研究和教育科研方法，有力地促进了全市教育科研的持续繁荣，催生了"连云港市教科研现象"。而这应该逐步成为连云港市乃至全省的一种风尚，让教育科研成为真正意义上的教育改革发展不可或缺的智力支撑！

(2019 年 3 月 18 日)

学校教科研工作的布局

2011年以来,为了实现基础教育内涵发展、质量提升,江苏省教育厅组织推进了一系列内涵建设工作,也就是通常所说的"5+2"工程。全省各级也都开展了类似的工作。这些以项目实施为抓手的工程,覆盖了基础教育内涵的主要方面,反映了江苏基础教育内涵建设的基本格局。可以想见,由各级教育行政部门和教科研机构与项目学校的共同努力,各类项目实施成果逐步积累到一定阶段,江苏基础教育的内涵水平、质量层次必定会有新的提升。而这样的新提升,将首先反映在每一所项目学校的发展变化上。项目学校努力实施好各类、各级项目,实现本校、带动其他学校的改革发展、内涵和质量提升,正是组织实施这些项目的初心所在。

那么,如何卓有成效地实施这些项目?项目学校既应准确全面把握相应项目的性质和实施要求、科学组织项目实施和研究,还应正确处理具体项目实施与学校整体工作、与其他项目、与教师成长和学生发展等的关系。如果从学校教科研工作角度看,就有一个科学布局、统筹实施的要求。

一是项目实施与学校工作。无论是省级教育行政部门设计实施的基础教育内涵建设"5+2"工程,还是各地落脚在学校层面、形式多样的项目,无不是学校工作的一部分,无不是大多数学校都在孜孜以求、试图取得理想成效的那些领域。只是由于这样那样的主、客观原因,长期以来使得这些领域的全部或某些方面的工作,实际成效甚微,或不明显、不理想。于是,这些领域的全部或某些方面累积了许多我们称之为难点的问题。而这些难点问题存在于学校里,反映在其中的各类人员身上,而且是不能用"外科手术"方式加以解决的。因此,必须进行系统梳理、系统设计、系统综合施策,运用工程实施方式解决问题。比如,学生品格提升就是这样的问题。而学生品格提升作为学校工作的题中之意、重要目标,在今天把它设计为工程加以实施、立为项目重点建设的时候,显然不能让它游离于学校整体工作之外、与学校的整体工作相割裂。而在实际工作中恰恰有这种情况,似乎这样做才能称之为重视、才能凸显其成效。这是每一个项目承担学校需要警惕的。这是一个误区,务必走出来,把项目实施纳入学校整体工作中加以安排,在常态下实施,才可能取得有价值的成果,才可能与学校的其他工作相得益彰。

二是本项目与其他项目。就省级层面而言,到2018年底,全省中小学校、幼儿园中有1707校次成为"5+2"工程项目校(园),大部分是基础好、实力强、名气大的中小学校和幼儿园,其中有相当一部分学校承担了两个或两个以上的省级项目。这类学校需要认真处理好项目间的关系。首先,无论有一个或是几个项目,都应该纳入学校整体工作中加以统筹考虑、统筹推进。把这个或这些项目作为学校工作一个时期的重点是必要的,但是让它处在游离状态、突兀于其他工作之上,是有违学校工作的基本规律的。其次,单个项目的实施需要避免前述状况,而如果有两个或两个以上项目,除了需要遵循前述要求外,还必须研究两个项目之间的关系,根据项目相互之间的从属、包含、并列、衔接等关系,确定项目实施资源配置(如团队组织)方式等,以整体性为前提、协同性为基础,促使本校的若干个项目实施有整体设计、有协同要求,实现通过项目实施整体提升学校内涵和质量的目标。而不是项目之间相互分离,不仅没有整体的统筹和设计,而且研究团队之间全无交流。这样的项目实施成效是要打折扣的,也就可以怀疑不遗余力地申请立项仅仅是在为了"贴金"、做点缀。再次,各级项目之间同样有以上两个方面的要求。尽管项目有层级之分,但都有各自的价值意义。很多学校承担了数量不等的各级项目,需要统筹考虑各级项目的实施要求,按各层级项目的内在联系做好整体设计,提高项目实施的质量、层次、品位和效益。

三是项目实施与学生中心。这两者关系的本质是"挂羊头卖狗肉"还是"挂羊头卖羊肉"。学校的所有工作无不是直接或间接地为了学生发展,所有项目实施的目标无不于此。然而,由于可能存在的"贴金"、点缀等问题,项目申报、项目实施过程中"不见人"的情况不是没有,为项目而项目的情况则比较普遍。这样的项目实施状况是务必改变的,否则,不仅项目实施实际效果难以取得,而且将浪费大量的人财物力。这与项目设立的初衷是相背离的。不忘初心,方得始终。无论是什么层级、什么类型的项目,从设计、申报到立项后实施的全过程,都应该围绕设定的目标实施,而不能有任何淡化、偏离,甚至背离目标的问题存在,否则就是忘了初衷,难有"善终"。

(2018年9月19日)

中小学教育科研：回归本真

关于教育科研的一般目标、任务、内容、方式、方法、手段、条件、成果表达等，都是教科研的基本问题。但是，这些基础的、根本的问题如果不解决好，就可能陷入要么玄乎、要么虚妄的境地，不仅做不好真正意义上的教科研，而且会浪费时间精力、人财物、耽搁教育事业，也就意味着"犯罪"。为此，围绕教育科研，我们不得不多问几个为什么。

教育科研是什么？

一般是这样解释教育科研的概念的：教育科研是以教育科学理论为武器，以教育领域中发生的现象为对象，以探索教育规律为目的的创造性的认识活动。简单地说，教育科研是用教育理论去研究教育现象，探索新的未知的规律，以解决新问题、处置新情况。教育科研的范围非常广泛，它包括所有有关教育的宏观、中观和微观领域的问题。

而就中小学老师和校长而言，教育科研就是总结、反思自己日常的教学和管理实践，并用一定的教育理论观照自己的实践，发现规律或找到问题的根源及其解决办法，借以把实践引向深入，取得应有成效。

教育科研为什么？

教育科研是有目的、有计划、连续和系统的探索活动。教育科研与中小学老师习以为常的教学研究有区别也有联系。我理解，中小学教育科研是为了把学校管理和教学工作做得更好、更有层次、更有品质，因此，学校教育科研的目的有三方面：一是把握教学和管理规律，二是寻找解决教学和管理面临问题之策，三是防止出现问题、影响教学和管理既定目标实现。

当然，教师与校长教科研的目的有所不同。教师的教科研应围绕学生学科素养培育，以课标、课程、教材、教法、课堂，以及学生的学习、评价等为主要领域。校长的教科研应围绕教师队伍建设，以立德树人根本任务落实、学校管理体制与机制创新、课程领导力和执行力提高、学校发展环境和品质提升等为重点。

教育科研怎么做？

对于教科研人员或准备做教科研的人而言，谈这个问题往往是多余的，但是其中的一些基本点还是应该明确的。例如：教育科研要讲究方法（常用的有：观察法、调查法、实验法、总结法、文献法等），用什么样的方法，便形成什么样的结果。又如：教育科研要科学设定步骤（确定研究课题→制定研究计划→实施研究工作→撰写研究报告等）。再如：教育科研要选择适切的成果表达方式（观察报告，调查报告，实验报告，经验总结报告，论文或论著等）。

这些是教育科研操作层面上的基本规范。遵循这些基本规范，是保障教育科研预期成效的基础条件。而真正彰显教育科研、甚至具体一个教科研课题的应有价值，还必须有一些充分必要条件，至少有这样几方面。

1. 仰望星空，脚踩大地

时代是出卷人。时代不断地给我们提出一系列重大的、具体的教育研究命题。为此，无论是老师围绕学科教学的研究，还是校长围绕教师的研究工作，都应立足于"中国特色社会主义教育进入加快教育现代化、建设教育强国的新时代"这一宏大壮阔的背景，把学校管理或教学置于其中，找到准确的方位，发现适应和不适应之处。适应的应及时总结经验、发扬光大,进行规律性把握;不适应之处就是问题所在,并以此为研究的聚焦点,聚力研究,寻找解决问题的路径、方式和方法,以此适应宏观、中观层面提出的、需要微观层面(学校管理和教学中)落实的重大决策和要求,并据此解决教学或管理实践中的具体问题,赢得学校管理水平和教学质量在新时代条件下的持续提升。

2. 实事求是,直面问题

中小学校的教育科研是在一定理论指导下,以学校教学或管理为研究对象,探索教学和管理规律为目的的一种创造性认识活动,是发现、解决教学或管理过程面临问题的一种手段。但是,当下学校教育科研工作中有不少奇怪的现象。曾有文章列举了热衷研究上级、热衷追赶时髦、脱离自身实际、喜欢玩新概念等学校教科研中的怪现象。这些现象在不少学校的教科研工作中不同程度地存在。要克服这些现象,学校教育科研必须坚守一个基本原则,这就是:仰望星空、脚踩大地,实事求是、直面问题,研究本校教学和管理的过去、现在与未来。

研究现在,由于现实的多重利益的驱动,中小学校普遍比较注重,投入的人财物力不少,成果十分丰富,成效也很明显。

研究过去,具体到校长和老师,估计一般不会理会,更不愿投入。但是,研究过去,是为了做好当下的工作、明确明天的方向。忽略、忽视、轻视总结、研究本校和本人过往的管理、教学实践及其成绩、经验与教训,不仅今天的研究基础不牢,缺乏历史纵深感,而且可能因此而割断学校文化的发展脉络。

　　研究明天,人们都说,未来已来;人们也都说,教育系统是信息时代各项新技术(大数据、互联网、人工智能等)运用最不充分、效益最不明显的领域。这一方面表明教育的确有教育的特殊性、本质规定性,是深受价值观引领、富有情感态度的,技术作为生产力因素,无疑只可能影响管理、教与学的方式、方法和手段的变革,并以此影响管理、教与学的心理、效率、效益和质量;另一方面表明教育对于这个时代的发展变化反应不敏捷。当然,教育科研的反应同样是迟缓,而且成果不多、效益不明显。为此,面对已来的未来,应研究学校管理与课程创新、学习方式变革、学习空间构建、教育技术运用、学习组织形态变革等,这是持续提高今天的、奠基明天的管理和教学品质的需要。

　　3. 拓展视野,解剖对象

　　就江苏省教学研究课题、教育科学规划研究课题申报的具体情况分析看,中小学校教育科研中除存在上述提及的问题外,常常表现为:要么小头戴大帽不见脸、"俄罗斯套娃"定语多、佶屈聱牙词生冷,要么语言无饰大白话、大题偏偏被"小瞧"……

　　教育科研课题即研究项目。所谓课题,就是将某个研究领域中所涉及的问题确立为研究对象。课题不仅仅是个名称,它应体现研究对象、研究范围,展示研究的目的、意义等。因此,从解决问题的目的出发选择课题,除了要努力回避上述问题外,还必须有素养的提高、视野的拓展,努力跳出研究对象周遭无形的藩篱(如认识水平、思维领域的局限等),解剖对象的核心、边界及其各种联系,并科学准确地加以把握和描述,为课题研究的顺利推进、取得预期成果奠定良好基础。

4. 持之以恒,不断深化

教育科研不仅应是有目的的、而且应是有计划、连续和系统的探索活动。实际工作中,由于学校管理和教学工作的压力大、要求高,或者相关人员调整等原因,计划好的研究进程常常会被"打住"。而这样的"打住"如果经常发生,那么研究也就不是连续的,就会直接影响研究的质量和效益。如果一个课题的研究都做不到"连续",那么这个课题的研究以及与其相关课题研究的系统性也就无从谈起。

名副其实的教育科研的基本遵循是:一旦研究对象确定、研究边界清晰、研究目的明确、研究意义重大的课题开题了,应严格地按计划、连续地开展研究,才有可能取得预定的研究成效;同时系统地研究与课题关联的问题并不断深化,才有可能取得更大成效。课题研究的系统性并长期坚持、不断深化,是教育科研针对问题解决、把握规律性、追求成效最大化的基本要求。

5. 厚积薄发,扩大效应

教育科研也是一种需要创新的活动。每所学校、每个教师面临的问题既有普遍性、更显特殊性,因此,寻求解决学校、教师各自面临的问题时运用的理论、知识、方法和手段不尽相同。于是,任何一个教育科研课题研究最终呈现的显然应是新经验、新方法、新知识、新理论或者至少是其中之一。

教育科研还是一种探索规律的活动。它要求研究者针对学校教学和管理现象的研究结果,达到规律性的把握和本质性的认识,这样的研究成果才具有普遍推广和指导价值。

教育科研需要创新与探求规律的特点及其相应成果,无疑是在告诉我们:学校管理者和教师的教育科研,必然是一个具有普遍推广价值和指导作用的新知识、新经验、新方法、新理论等的逐步积累过程,我们不仅要在教育科研过程中注重积累新知识、新经验、新方法、新理论,而且要及时推广、惠及更多的学校、更广大的教师;学校管理者和教师的教育科研也是一个揭示学校管理和教学本质与规律的过程,我们应通过多种形式和途径将研究发现的规律毫无保留地与所有学校、所有老师共享,这是教育科研的初衷所在。

需要强调的是,无论是个体的人还是社会的人,总体上看似日复一日地生活着,平淡无奇,但都过着故事化的生活。作为学校变革中的变革者,每天都进行着管理和教学活动,经历并讲述着自己的故事。因此,教育科研万万不能无视变革者自己的故事。

(2018 年 10 月 24 日)

幼特教科研的基本要求

今年江苏省的幼特教"师陶杯"教科研论文评选聚焦于"学习《指南》、研究儿童、优化课程"这一主题，以引领全省幼儿园和特殊学校的教科研方向，着力研究和解决教师保教工作面临的问题。分析参评论文，最突出的问题是脱离保教实践"纸上谈兵"，这就需要一线幼特教老师明确教科研的基本要求。

一是确立价值目标。为什么要开展教科研？这不是每个教师都能回答好的问题。作为一线老师的教科研，不应是为了自己的名利、为了幼儿园镀金和点缀的教科研，而是为了提供高质量保教服务、促进幼儿身心健康发展。

教科研是教育发展的源动力，是教师专业成长的必由之路，也是幼儿园可持续发展、创建品牌的需要。老师参加教科研活动，可以加深对自己日常保教工作的认识，促进自身教育观念的转变，改变教师仅仅是"知识的传递者"的观念，明确现代教师不仅是知识的传递者，更是一个具有对教育活动有反思、分析、发现和实践的教育研究者；可以促使自己把理论与实践联系起来，提高自身的素质。老师的教科研，应该是园本化的，应从本园的实际出发，设计符合本园情况的课程、教学模式、教学方法等,切实解决保教工作中存在的问题,不断提高保教质量和水平。

二是增强问题意识。教师的教科研研究什么?教师的教科研显然不是为科研而科研、闲着无事才搞科研,而是有问题存在、有问题要解决,而且要通过教科研才能解决。但是,实际情况表明,我们大多数老师不知道为什么要进行研究、从哪里开始研究。

发现问题、提出问题是科学研究的首要环节。问题是旧的思想和看法的终点,也是新的思想和看法的起点。问题是现实状态与理想状态之间的桥梁。没有问题就不可能有思索和发展,为此,爱因斯坦说:"提出一个问题往往比解决一个问题更重要。因为解决问题也许仅仅是一个数学上或实验上的技能而已,而提出新的问题,新的可能性,从新的角度去看待旧的问题,却需要有创造性的想象力,而且标志着科学的真正进步。"教师进行教科研的问题意识,是指教师在一定的教育经验和教育能力基础上形成的,发现并提出需要研究的问题的意向和能力。教科研最重要的一个环节,就是能够选择好需要进行研究的问题。教师进行教科研首先需要具备的就是问题意识。因此,教师要善于从多方面、多角度看待保教工作的每一个环节和领域,善于用联系的、发展的眼光看待保教工作的各个环节和领域,并逐步形成自己看待事物的习惯,也就是思维方式,以逐步增强问题意识。

三是善用基本方法。老师们发现了日常保教工作中的问题并试图解决它,这时就有一个用什么方法解决它的选择。我们可以请专家来诊断并提出解决办法,但是,专家的指导总是有限度的,解决问题的长久之策还在于老师运用适合的教科研方法不断解决保教工作中遇到的问题。

教科研方法很多,比如,有观察法、调查研究法、案例研究法、行动研究法、园本校本教研法等。这些都是老师熟悉并能很好运用的教科研具体方法。但是,在这方面有两点是需要强调的。

一要坚持实证研究。实证研究是需要我们亲自收集观察资料,为提出理论假设或检验理论假设而展开的研究,具有鲜明的直接经验特征。实证研究方法包括数理实证研究和案例实证研究。由于我们每天面对的儿童都是新的,因此,看似日复一日、年复一年的保教工作,其实每天也都是新的:新的气象、新的困难矛盾和问题。为此,需要研究的问题层出不穷,我们要抓住一个或一类问题利用实证的方法持之以恒地坚持研究,这是教师教科研形成有价值成果的"捷径"。

二要讲究教科研策略。比如,为了研究一个问题,主动结成由老师、管理者与理论工作者优势互补的研究共同体,这是借力发力、解决问题、提高自己的上乘之策;又如,针对幼儿园发展和保教工作中的具体问题开展园本、校本行动研究,这是立足实际、聚焦问题、在寻找解决问题良策的同时实现自己专业成长、促进幼儿园发展的坦途。

(2019年12月4日)

学前教育科研的出发点

在学前教育得到空前发展、还将持续大发展的今天，人们无不为幼儿园保教质量而担忧。实际情况也无不表明，不少幼儿园的保教质量是堪忧的。解决这一问题，需要政府、社会、家庭、幼儿园共同坚持不懈的努力。但其中教师问题是根本的、关键的、决定性的。在努力建设一支基本适应保教要求的幼儿教师队伍的基础上，如何保持这支队伍整体素质不降，甚至逐步提升，除了一般的继续教育类型的培训外，通过举办"师陶杯"教科研论文评选等途径，持续引领幼儿园老师开展幼教科研，不失为上乘之选。但是，开展幼教科研有一些基本遵循。

一是服务教师专业发展。幼儿教育科研工作很重要。《中共中央国务院关于全面深化新时代教师队伍建设改革的意见》（以下简称《意见》）把教师队伍建设提高到战略高度加以认识，指出：教师是教育发展的第一资源，是国家富强、民族振兴、人民幸福的重要基石。教育科研活动是广大一线教师提升基本能力与素养，加速专业化成长的重要途径。组织教师参加"师陶杯"论文评选就是这样的途径之一。在历届"师陶杯"论文获奖者中，不少老师已成长为教育家培养对象、特级教师、学科带头人、各级教研员和幼儿园管理者。

长期以来,许多老师对教科研的理解有误区,认为科研仅仅是出书、写文章。没有教育科学就没有科学的教育。教育科研是帮助教师了解教育的本质和规律、教育与人相互关系的一门学问,是一个过程,是一个从思考问题直至认识问题、解决问题的完整过程。教育科研的思维逻辑是:为什么做?做了什么?怎么做的?遇到了哪些问题?如何解决?解决策略中有哪些是关键要素?对于儿童发展、教师成长、园所发展起到了哪些作用?引导老师们在保教实践中经常思考这些问题,可以让他们更好地把握幼儿认知和保教规律,实现专业发展。这就是教育科研的价值和意义。

不少老师对教育科研有顾忌,一方面是对教育科研还不够理解、较难把握;另一方面,确有不少教育科研脱离幼儿园、教师、幼儿的发展实际和真实需要,与保教工作"两张皮"。这样的教育科研不仅难以有效地促进教师发展,还会影响干扰教师的正常工作。因此,幼儿教育科研应增强适切性,应遵循幼儿教育规律、教师成长规律,应因园制宜。幼儿园应做适合自己的教育科研,成为最好的自己。特别是教育科研的内容、方式要考虑到幼儿教师工作的特点,鼓励和支持老师们用多种方式来表达自己对专业生活的思考。组织教师参加"师陶杯"论文评选活动仅仅是一种方式,还可以开展多种形式的科研活动。

二是把握教科研基本要求。这在连续举办了十六届的江苏省幼教"师陶杯"教科研论文评选活动的冠名中可以大致明确。"师陶"顾名思义,就是学习陶行知先生的教育思想。陶行知先生提出"每天四问",其中第二问是"我的学问有没有进步?"他提到五个字,我认为对幼儿园如何做好教科研工作很有指导意义。

第一个是"一"字,专一的意思。教师做科研,要抓住关键问题,聚力研究,荀子说"好一则博",而不是面面俱到。

第二个是"集"字,就是搜集。我们做科研,要开阔视野、整合各类专业资源,而不是闭门造车。

第三个是"钻"字,钻进去、深入的意思。选准问题、深入研究,才能帮助老师们举一反三,而不是蜻蜓点水。

第四个是"剖"字,解剖的剖。要用系统思维分析问题,找到影响要素,探寻规律,而不是一叶障目。

第五个是"韧"字,就是要有韧性。要在"支持儿童发展、促进教师成长"的前提下,聚焦一个问题,持久用功,园长和老师一茬接着一茬干,而不是随风而变。

三是发挥区域协同优势。每所幼儿园的基础不一、条件各异,不是都能独当一面、单枪匹马搞科研的。而在区域范围推进幼教科研具有很多优势。教科研机构应依托课题或项目,组建团队,带领尽可能多的幼儿园共同实践、思考和研究,这样既能促进区域内幼儿园的共同发展,也有助于形成具有较大影响力的成果。有些问题可以组织区域内的幼儿园集体攻关,比如,《3—6岁儿童学习与发展指南》颁布6年来,我们是如何使用的? 效果怎么样? 有什么好的做法？还存在哪些问题？这些都值得所有幼儿园一起去思考和梳理。

今年11月7日，中共中央国务院颁布的《关于学前教育深化改革规范发展的若干意见》，在提高幼儿园保教质量方面提出了"注重保教结合"的要求，每所幼儿园都应积极主动地进行思考和实践。比如：《意见》提出，"幼儿园要遵循幼儿身心发展规律，树立科学保教理念，建立良好师幼关系。"对此，如何建立良好的师幼关系？

《意见》提出，"合理安排幼儿一日生活，为幼儿提供均衡的营养，保证充足的睡眠和适宜的锻炼，传授基本的文明礼仪，培育幼儿良好的卫生、生活、行为习惯和自我保护能力。"那么，如何合理安排幼儿一日生活？

《意见》提出，"坚持以游戏为基本活动，珍视幼儿游戏活动的独特价值，保护幼儿的好奇心和学习兴趣，尊重个体差异，鼓励支持幼儿通过亲近自然、直接感知、实际操作、亲身体验等方式学习探索，促进幼儿快乐健康成长。"这应如何理解和实践？

还有，幼小如何合理衔接？等等，这些问题没有现成的答案。而区域幼教科研对于这些问题，应有解决之策、地方经验、江苏声音。教科研机构、教科研人员应沉下心来，立足区域范围，做好研究规划和设计，发挥好团队作用。

还应强调的是，我们经历艰难困苦、付出辛勤劳动取得的教科研成果，不能只停留在纸上、仅满足于交流，应转化为实践。也就说，今天你的获奖论文，是对你的保教实践的反思、总结、理性认识,应用来指导你明天的保教工作,而不能"晚上想来千条路,早晨依然磨豆腐"。

(2018 年 12 月 24 日)

教科研基地建设的新要求

在全省范围遴选有条件的区域、中小学和幼儿园建立教育科研基地,是江苏省教科院多年来坚持至今的一项工作,是指导江苏全省范围群众性教科研的重要抓手,也是教科机构的职能所在。建立教育科研基地,旨在打造一批科研促进教改、科研提升质量、科研成长教师的示范性中小学、幼儿园或区域,实现促进全省教育科研工作层次和水平不断提高的目的。而扎实推进基地工作,切实提高基地科研水平,发挥基地的教科研示范引领作用,有这样几个方面工作必须做实做好。

一、明晰工作思路

及时、深入学习理解把握党和国家关于教育改革发展的新精神,围绕新时代教育改革发展目标实现、任务完成对基地工作的要求,研究基地落实要求对于教育科研的新期待;以帮助基地实现内涵发展、特色发展、品质发展为宗旨,以提升学校管理层次和水平、教育质量和效益为目标,强化服务意识,拓展服务领域,优化服务方式,提高服务绩效;依据由上下结合共同研定的主题,基地主动积极、持之以恒实践和研究,不断形成可推广的实践和研究成果,为面上区域、中小学校和幼儿园提供示范和借鉴。

二、明确工作目标

1. 发展基地

基地要形成"个个都有科研项目,人人参与科研活动"的格局,成为同层次同类型幼儿园、中小学和区域的科研排头兵,发挥好科研示范与辐射作用。同时,逐步形成鲜明正确的办学理念、清晰可达的办学愿景、明确的发展思路与规划,以及切实可行的操作办法,形成健康而又富有个性的基地文化,实现管理水平、教育质量持续提高的目的。

2. 成长教师

基地要关注每个教师的专业成长,建立有力有效机制,增强他们的科研意识,提高他们的科研热情,促进他们自觉学习、积极实践,逐步掌握科研方法、提高科研能力,逐步形成自己的教学主张、教学风格,并在这个过程中,培育一批领军人才,形成人才辈出的良好局面和合理的人才梯队。

3. 成就儿童

基地要有校本、园本或区域的学生素养发展目标,并借助相应的主题实践和研究,探索形成具有本校、本园、本地特色的"以儿童为中心"的教育实践,使得学生认知能力获得充分发展。

三、落实工作要求

1. 优选实践主题

问题导向、主题先行,应是基地实践和研究的基本遵循。应根据新时代教育改革发展对基地的具体要求、基地已有的实践和研究基础以及面临的问题,研讨提出既符合教育发展要求、基地又有实践或研究基础的总主题及其分主题,由省与市教科研机构组织论证确立、对主题和分主题进行科学阐释,并正式分发给各基地。基地应根据主题或分主题内涵要求,基于本校、本园或本地已有实践和研究基础或解决问题需要,研制三年或更长时间的实践和研究方案与年度计划,统筹协调人财物力,不断总结阶段性的研究和实践成果。

2. 优化活动样式

基地活动一般由综合活动、专题活动与过程指导活动组成。综合活动以展示、研讨承办基地围绕主题实践和研究的成果为主,其他同主题实践和研究的基地的为辅。专题活动一般分组进行,分组以实践和研究主题为依据,专题活动主体内容同综合活动。综合和专题活动具体样式可以有主题阐释、基地课堂、学术报告、校(园、局)长论坛、校园本研修、学术沙龙等。过程指导活动主要是省市教科研机构的科研人员对基地的主题实践和研究、科研课题(项目)直接给予或组织相应专家不定期上门的指导。

3. 科学设定频次

各基地可根据自己的实际情况开展活动。原则上,综合活动每年组织一次,所有基地参加;分组的专题活动每年不超过两次,承担同一主题或分主题的基地参加;过程指导活动,可以是同一主题或分主题的基地在同一时间地点接受指导,也可以按基地需要分别不定期给予指导。每次专题或综合活动举办前,可以根据实际需要,提前召开预备会明确要求。提倡借助新媒体召开预备会。过程指导可以由基地与省市教科研机构联系、预约、提要求,也可以由省与市教科研机构根据主题或分主题实践和研究进展需要有计划进行,但不能干扰基地正常教育教学秩序。

4. 提高科研质量

各基地应将主题、分主题的实践和研究落实到本校、本园、本地三年或更长时间的整体发展规划、年度计划之中,并每年向所在市教科研部门报告主题实践和研究、参加或组织有关活动的情况。应围绕主题或分主题,通过撰写研究综述或论文、分组及集中研讨、校园和县区级培训、学术沙龙、专家报告等形式,扎实而坚持不懈地推进实践和研究,促进教师科研能力的提升,力争三年内或更长时间形成具有较高质量、较大影响力的实践和研究成果。专题或综合活动、过程指导活动举办前,基地应认真、系统总结已有的实践和研究工作,确定展示方式,并力求有所创新、具有个性;在活动过程中,要树立主体意识,积极参加各项活动,充分反映本基地特色,全面展现本基地品位。

(2018 年 9 月 29 日)

教科研基地园的应有姿态

到今年上半年,江苏全省有7222所幼儿园。经各地推荐,江苏省教科院确认了最新一批23所科研基地幼儿园。这样一个量级的幼儿园总数中仅有近乎零头的幼儿园成为科研基地园,足见成为科研基地园的光荣、责任和压力之大了。因此,每次科研基地园学术活动就无疑应该精心设计、力求高质量高效益了。而其中的核心任务是主题的设计以及该主题在相应幼儿园实践的启发意义。

科研基地园活动主题的设计,一般而言,应该是基于已有的研究和实践加以确定,但也可以是多途径确定的。

比如,可以由幼儿园科研基地管理、指导部门根据国家和区域学前教育大局、保教工作要求,以及区域幼教工作实际确定主题,组织基地园一起来讨论如何落实要求、开展研究和实践。

又如,可以根据国家和区域学前教育大局、保教工作要求,以及区域幼教工作实际,结合基地园已有的研究和实践确定相应主题,由所有基地园共同讨论如何深化研究和实践。

再如,立足基地园已有的研究和实践确定研讨主题,所有基地园一边学习、一边研讨,与会者受启发、可借鉴,"出题"园则可以集思广益、深化本园的研究和实践。

"主动性学习理念下的幼儿混龄教育实践研究",就是一个立足于基地园已有研究和实践确定的活动主题。这个主题应该是一般幼儿园不敢企及的研究和实践课题。常州市鸣珂巷幼教集团宝龙幼儿园选择这样的主题、课题进行研究和实践,足见其有明确、先进的办园理念,园长是有自己的教育理想、教育主张的,老师们也会有比较强的科研意识和科研能力。这也正是我们认为的、科研基地园应该有的样子:有办园思想、有保教理念,是幼儿教育的圣地,而不仅仅是幼儿的看护所;有转化思想、理念的研究和实践课题,大部分甚至全部老师都能参与其中;长期坚持这样的研究和实践,逐步形成真正意义上的园本特色、保教文化,并在此过程中,通过多种途径和形式,为其他幼儿园提供了示范引领,为本地乃至更大范围的幼儿园保教质量和水平的提高作出了贡献。

"主动性学习理念下的幼儿混龄教育实践研究",这是国内甚至国外幼教研究和实践中都不多见的一个实践性很强的课题。因此,可以看到宝龙幼儿园的自信和勇气。他们的研究有深度、实践有成果。在现有基础上怎么深化研究、完善已有实践?宝龙幼儿园已经有了思路,研讨活动可能给予所有基地园新的启发。我以为,有这样几个问题需要所有基地园进一步思考、研究和实践。

一是幼儿的主动性学习愿望、动机、动力,从何而来?如何维持?向何而去?

二是混龄编班实施保教,是不是可以研究、借鉴一下我国历史上曾经有过、可能现在还有的小学"复设班"教学?混龄编班、复设班教育利弊兼有,但如何趋利除弊?

三是大多数幼儿园条件一般,普遍面临园舍少、场地小、教师缺、班额大等,因此,一般条件的幼儿园如何解决混龄编班的问题?

四是混龄编班教学样态下,如何有效发挥哥哥姐姐的榜样作用?同时如何遏制可能出现的欺霸言行?

(2019年4月29日)

教科研品牌活动·活动主题

江苏省名师名校小学语文主题观摩研讨活动，已经是第十六届了。一项活动不间断地组织了十六次，其价值和意义、受欢迎程度不言自明。而把这项活动打造成品牌活动具有很大的可能性。因为，参加活动的除了观摩老师，基本班底是江苏全省小学语文界的名师，活动现场都设在有较高声誉的小学。但是，办成品牌活动，至少应满足这样三个条件：一是问题导向，活动的主题以及围绕主题安排的具体活动内容，必须反映小学语文教育改革发展要求，其中的核心是要聚焦小学语文教育面临的问题；二是把握规律，每次活动都应提供解决小学语文教育面临问题的"钥匙"，参加活动的老师因此能够解开自己面临问题之"锁"；三是示范引领，每次活动形成的共识、把握的规律，要通过多种媒体及时地惠及广大小学语文老师，使他们因此能够解决同样或相近或相类似的问题。

当然，纵观每次江苏省名师名校小学语文主题观摩研讨活动聚焦并集中研讨交流、通过展示等形式表明在实践中力图解决的问题（有时就是主题），不得不说，这项活动已经是品牌活动了。不过，似乎还应该"百尺竿头更进一步"。因为,与其他学段、其他学科一样,小学阶段、小学语文学科正面临新的挑战。比如,已经有专家和一线老师认为,统编小学语文教材内容仍然繁多、学生学习任务重、语文老师的"自由裁量权"不大(留给语文老师的空间小),学生自主或拓展学习感兴趣的内容几乎不可能。再如,小学语文可能同样会提出培育核心素养的要求,即使正在修订的义务教育阶段教材不提核心素养,最终以"培育正确价值观、必备品格和关键能力"作为学科育人目标将是必然的。面临这样的情形,名师名校无疑要多一份担当,就是:解放思想、集中智慧,结合每次活动现场学校的已有实践,提出应对之策。而今天的江苏省名师名校小学语文主题观摩研讨活动,就是这样一次研讨、交流、提供应对之策的活动。

比如,这届江苏省名师名校小学语文主题观摩研讨活动的主题是"小学语文全息阅读",并将通过常州市三井小学近些年来以"全息阅读"为突破口推进语文课程改革成果的展示、省内外名师课堂教学观摩、优秀青年教师课堂教学观摩研讨、知名专家有关语文课程与教学学术报告等途径,深化小学语文教学研究,进一步推动江苏小学语文课程改革。

可以想见,品牌活动加上具有持久导向性的主题、围绕主题的实践和研究成果展示、专家引领和交流研讨,活动品牌与活动主题相互高企、相得益彰,既持续提高品牌活动的品质,又不断深化参加者对于活动主题的理解、把握和实践自信。

(2019年12月12日)

后　记

去年这个时间,《教育的应然样态——我的教育理解》正式面世。此后,我常常在抬头见到书橱中的她时,欣慰、感激之余,有一种不安:唯恐其中的浅陋、疏漏有碍观瞻、有失水准,甚或有贻笑大方之处。不过,对于经历了体验、观察、思考与凝炼后形成的一篇篇"杂碎",细品之余颇有些"味道",并坚信还有些许"营养"。于是,我被鼓舞了,因而不仅对她有了信心,而且动了将新累积的"杂碎"尽呈于世的念头。这就有了今此《教育的应然样态(续)》一书。

本书收录了 2018 年 9 月至 2020 年 6 月间,我参加省内外教科研活动的"命题作文"和报刊杂志的约稿等。其中有前一本书已涉议题讨论的深化或同一主题交流的拓展,而大多是在这个时间段里、基于教育特别是基础教育改革发展新背景新要求的思考,包括基础教育宏观、中观、微观领域面临问题解决的路径建议,以及对问题解决后应该呈现的理想境界的憧憬。

无疑,人人都有理想;也因为有理想,人们才历尽艰辛还是义无反顾地朝着理想境界前行,这也正是人类得以延续的根本原因所在。

教育理想是令人神往的。而教育理想必须建立在教育的本质规定性即规律之上,否则,教育理想必定是镜中花、水中月。也就是说,教育只有处在自己的应然状态,方有真正意义上的教育理想可言,也方可能进入到教育的理想境界。而教育欠缺真正的理想、教育进入不到应有的理想境界,则表明我们没有遵循教育规律,甚至是反规律了,其结果必然是受到规律的惩罚。

基于这样的认知,也再次借助江苏凤凰出版传媒公司总编徐海先生、江苏人民出版社总编王保顶先生和责编李洁女士的鼓励,我继续了教育应然样态的描述和憧憬,以期教育人或教育相关人乃至全社会的每个人,都确立起自己的教育理想:识字读书明道、把握个人命运、服务国家发展。当然,我也保持了自己的应有样态:静候并笑纳批评。

2020 年 5 月